결국 성취하는 사람들의
뇌는 어떻게 만들어지는가?

결국 성취하는 사람들의
뇌는 어떻게 만들어지는가?

초판 1쇄 인쇄 2021년 4월 30일
초판 1쇄 발행 2021년 5월 10일

지은이 김대영

펴낸이 우세웅
책임편집 이양이
기획편집 장보연
콘텐츠기획·홍보 박서영
북디자인 이유진

종이 앤페이퍼
인쇄 (주)다온피앤피

펴낸곳 슬로디미디어그룹
신고번호 제25100-2017-000035호
신고년월일 2017년 6월 13일
주소 서울특별시 마포구 월드컵북로 400, 상암동 서울산업진흥원(문화콘텐츠센터)5층 20호

전화 02)493-7780 | **팩스** 0303)3442-7780
전자우편 slody925@gmail.com(원고투고·사업제휴)
홈페이지 slodymedia.modoo.at | **블로그** slodymedia.xyz
페이스북·인스타그램 slodymedia

ISBN 979-11-88977-82-6 (03190)

결국 성취하는 사람들의 뇌는 어떻게 만들어지는가?

| 25년 경력의 브레인트레이너가 쓴 뇌가소성의 모든 것 |

김대영 지음

슬로디미디어

작가의 말

최근 두뇌 연구는 활발하게 이루어지고 있다. 뇌 과학 분야에서 뇌가소성, 거울 뉴런, 신경영양인자, 후생 유전학과 같은 새로운 발견으로 인해 인간을 깊이 이해할 수 있게 되었다. 인류에게 이러한 발견은 큰 도약을 위한 기회가 될 것이다. 하지만 인공지능과 자동화로 인해 이 기회를 놓칠 수도 있다.

자동화 서비스는 편리하지만 대가를 요구한다. 뇌 연결망을 단절시키면서 욕구와 본능에 의지하게 하는데, 상품을 만드는 기업이 원하는 대로 더 쓸 수 있는 제품을 버리고 새로운 제품으로 구입하게 한다. 자동화 서비스는 클릭 한 번으로 필요한 제품과 서비스를 문 앞까지 배달시킨다. 과거와 비교하면 정보를 쉽게 얻을 수 있기 때문에 시간과 돈을 아낄 수 있다. 그러한 편리함에도 불구하고 현대인은 각종 스트레스와 불안 증세에 시달리고 있다. 기저질환자는 천만 명에 육박하며 사회 곳곳에서 불만불평의 소리가 터진다. 청년은 취업난으로 앞이 보이지 않는다고 하며 은퇴하고 편할 것이라는 삶을 기대했던 기성세대들은 방황한다. 또한 노년층은 외로움으로 소외되어 생의 마지막을 준비하고 있다.

이 책은 4차 산업혁명의 시대를 살아가는 사람들에게 돌파구가 되어줄 것이다. 물질 만능주의에서 가치 있는 것을 자신으로부터 찾을 수 있도록 돕고 있다. 또한 계속해서 변화하려고 노력한다면 원하는 것을 얻을 수 있는 삶도 누릴 것이다. 이 모든 것을 이루기 위해서는 바로 뇌가소성을 증진시켜야 한다. 인간은 무한한 잠재력을 가지고 태어났다. 타고난 지능이 뛰어나도 반복을 통해 습관화하지 않으면 발전할 수 없다. 선천적인 유전보다 후천적인 경험과 환경이 중요하다는 후생 유전학이 주목받고 있다. 뇌가소성으로 신경회로를 연결해야 한다. 그것은 바로 자신의 몫이다.

뇌가소적인 삶에 초점을 맞추고 경쟁과 비교의 시스템에서 한 발 떨어져 삶을 바라보자. 마음을 바꾸면 세상이 변한다. 가능성에 초점을 맞추고 내면을 바라보자. 불필요한 경쟁, 불신으로 자신을 무시할 필요가 없다. 스스로 주인공이 되는 것이다.

1장에서는 인류 진화의 최고의 산물인 뇌가소성이 무엇인지 알려준다. 이 장에서는 수많은 어려움을 이겨내고 지구 최고의 생명체로 우뚝 선 인간에게 왜 뇌가소성이 필요한지 알아본다.

2장에서는 뇌가소성을 위해 알아야 할 뇌의 구조와 기능을 소개한다. 생물학적인 용어가 아니라 살아 있는 삶의 뇌와 만난다. 성인이 될수록 뇌는 변할 수 없다고 했으나 영상기술의 발달로 최근 다양한 연구가 나오고 있다. 세계적인 신경과학자들은 뇌가소성에 주목하고 있다.

3장에서는 뇌가소성을 키우는 방법을 소개한다. 기적의 뇌 물질이라는 뇌유래신경성장인자는 적극적인 움직임, 충분한 수면, 영양가 있는 음식을 통해 발생한다. 뇌유래신경성장인자는 뇌가소성을 일으키는 촉진제 역할을 한다. 최근 주목받는 명상에 대해서도 알아본다.

4장에서는 뇌가소성을 활용하여 어떻게 발전해야 하는지를 알려준다. 의식이나 지혜의 성장은 인간의 발전을 위하여 유익한 디딤돌이 될 것이다. BTS가 배운 뇌 교육의 핵심을 소개한다. 최근 뇌 과학에서는 쉽게 활용할 수 있는 뇌파 기술이 발전하고 있다. 4차 혁명시대에 맞는 교육 방법도 소개한다. 두뇌 훈련 분야인 국가공인자격 브레인트레이너를 소개해두었다.

뇌가소적인 삶을 사는 것은 자신의 선택이다. 건강, 행복, 평화로운 삶을 위해 뇌가소성을 활용하자. 스스로 건강과 행복을 창조할 수 있다. 자신뿐만 아니라 주위의 어려운 사람들에게 도움의 손길을 내밀 수 있는 마음도 갖게 된다. 혼란스럽고 어려운 시대를 이끌어갈 뇌가소성 전문가가 되자.

성공과 경쟁의 패러다임에서 공존과 상생으로 변화해야 한다. 외부적인 성공이 아니라도 행복할 수 있는 가치관을 정립해야 한다. 뇌에 답이 있다. 뇌의 원리를 알면 가능하다. 건강하고 활력이 넘치는 삶을 살고 싶다면 지금 당장 지치고 힘들더라도 용기를 내야 한다. 우리는 지구라는 공간에서 서로 연결되어 있다. 모두 서로에게 영향을 미친다. 이 책을 읽는 당신도 뇌가소성을 배워서 삶을 스스로 즐겁게 개척하기를 바란다. 이 시대를 지금 나와 함께 살아가는 모든 분께 감사하다.

추천의 말

미증유의 바이러스로 인해 인류는 커다란 혼란과 변화를 겪고 있습니다. 그러면서 지금의 혼란과 변화가 주는 의미가 무엇인지 되짚어 보며 자성하는 목소리가 나오고 있습니다. 여기서 중요한 건 근원을 찾는 것이고, 인간에게 그 근원이란 '뇌'라고 볼 수 있습니다. 우리 인류는 그간 과학기술로 많은 문명의 혜택을 누렸습니다. 과학이 발달하지 않았던 시기에는 인간의 평균 수명이 낮고, 질병과 전염병으로 사망률도 높았지만 지금은 그렇지 않지요.

뇌는 우주에서 만들어진 가장 정교한 작품입니다. 그리고 뇌의 가장 중요한 기능은 '코디네이션'입니다. 무엇을 코디네이션할까요? 바로 몸과 마음, 외부와 내부, 물질과 비물질의 조절입니다. 이러한 조절이 원활하게 이루어지기 위해서는 뇌를 훈련시키고 변화시키는 것이 필요합니다. '뇌 가소성 이론'이란 자극을 통해 이러한 변화에 맞게 뇌를 훈련해 뇌를 프로그래밍하는 걸 뜻합니다. 자극을 반복하면 결국 뇌는 프로그램화되지요. 문제는 잘못된 트레이닝으로 인해 뇌가 잘못 프로그램화되는 것입니다. 제대로 하는 것이 중요합니다. 지나쳐서도 안 되고, 부족해도 안 됩니다.

뇌력이 강한 사람은 주변의 자극에 적절히 대응합니다. 뇌를 개발하고 활용해 현 시대에 적응한 사람으로 볼 수 있지요. 나와 타인의 뇌를 개발하기 위해서 필요한 사람이 브레인트레이너라는 전문가입니다. 현재는 두뇌 트레이닝을 배우려는 사람이 많아 그 기술이 공인화되었습니다. 브레인트레이너협회가 만들어진 이유입니다. 특히 지금은 4차 산업혁명 시대입니다. 뇌를 창조적으로 사용하기 위한 두뇌 트레이닝이 중요한 시기입니다. 유아와 청소년에게도 두뇌를 활용하는 법을 가르쳐야 합니다. 앞으로 많은 브레인트레이너가 양성되길 바랍니다. 이 책은 누구나 뇌를 잘 활용할 수 있도록 하는 길잡이가 되어 줄 것입니다.

전세일(전 치의과학대학교 통합의학대학원 원장)

21세기 두뇌 활용의 시대를 맞이하여 두뇌가 가진 무한한 잠재 가능성에 대해 알리는 책을 썼다는 것은 매우 기쁜 일입니다. 특히 저자가 25년간 두뇌훈련전문가로서 활동한 경험을 토대로 일상생활에서 뇌가소성을 활용할 수 있는 방법을 소개하고 있기 때문에 삶의 질을 높이는 데 많은 도움을 받을 수 있을 것입니다.

신재한(국제뇌교육종합대학원대학교 뇌교육학과 학과장)

인간의 뇌에 대한 특별함, 뇌가소성의 기제를 과학에서 끄집어내어 생활 속으로 가져오게 만드는 좋은 두뇌훈련 가이드입니다. 인간의 고유 역량인 뇌 교육은 '변화'입니다.

장래혁(글로벌사이버대학교 뇌교육융합학과 교수)

뇌를 깨우기 위한 최고의 입문서가 확실합니다. 저자의 경험을 바탕으로 뇌가소성과 훈련 방법을 조화롭게 담았습니다.

박호건(성균관대학교 인공지능학과 교수)

뇌가소성은 사람이 노력하면 얼마든지 변할 수 있고 또 성공할 수 있다는 사실을 뒷받침해주는 놀라운 뇌의 기제입니다. 뇌가소성의 비밀을 밝히고 있는 이 책을 추천합니다.

신혜숙(뇌교육종합대학원대학교 뇌교육학과 교수)

인공지능 시대는 변화가 빠릅니다. 어떠한 환경에서도 자신의 스토리를 만들어서 변화를 활용하는 사람이 되어야 합니다. 그런 미래의 인재들에게 꼭 필요한 내용이 이 책에 담겨 있습니다.

김나옥(벤자민인성영재학교 교장)

제가 삶을 대하는 자세는 뇌의 가소성을 알기 전후로 크게 나뉜다 해도 과언이 아닙니다. 저자의 순수하고 밝은 에너지가 담긴 이 책을 읽는 순간 당신의 뇌가 활발히 움직일 것입니다.

박주희(가수, 자기야, 미스트롯2)

우주에서 가장 신비로운 기관이라고 하면 바로 '뇌'일 것입니다. 바로 이 뇌의 바다를 '뇌가소성'이라는 배를 타고 항해하고 있는 것입니다. 뇌 활용의 모든 것을 알고 싶다면 가까이에 두고 읽어야할 지침서입니다.

노형철(브레인트레이너협회 사무국장)

뇌 교육을 통해 지구 환경을 지켜야겠다는 비전을 세웠습니다. 꿈을 찾고 싶은 학생들에게 추천합니다.

박인우(서울대 지구환경과학부 박사과정)

작가와의 인터뷰

7문 7답

1. 안녕하세요, 김대영 작가님. 대중에게는 조금 생소할 수 있는 뇌가소성이 무엇인지 간단히 설명 부탁드립니다. 그리고 이 책을 쓰시게 된 계기가 궁금합니다.

→ 뇌가소성은 20세기 최고의 발견 중 하나입니다. 뇌가소성은 뇌의 신경망들이 외부의 자극, 학습, 경험에 의해 구조적, 기능적으로 변화하고 재조직되는 현상을 말합니다. 누구나 꾸준히 노력하면 목표를 달성할 수 있다는 뇌 과학적 이론입니다.

4차 산업혁명은 인공지능으로 대표되고 있죠. 이 산업에서 필요한 것은 뇌를 잘 아는 것입니다. 누구나 자신의 인생은 스스로 만드는 것이기 때문에 자신이 중요하다는 것을 알려주고 싶어서 이 책을 쓰기 시작했습니다.

2. 작가님은 25년 동안 브레인 트레이너로 활동 중이신데, 브레인 트레이너가 어떤 일을 하는지 궁금합니다.

→ 브레인 트레이너는 두뇌 기능, 두뇌 특성 평가에 관한 체계적이고 과학적인 이해를 기반으로 두뇌 능력 향상을 위한 훈련 프로그램을 제시하고 지도하는 두뇌 훈련 전문가입니다. 두뇌 훈련의 궁극적인 목적은 두뇌를 잘 관리하고, 활용하여 삶의 질을 높이는 것입니다.

3. 현대인들이 뇌가소성을 주목해야 하는 이유가 있다면 무엇일까요?

→ 과학이 발달하면서 모든 것을 해결할 것이라고 믿었지만 현실은 그렇지 않습니다. 오히려 삶이 힘들고 각박해졌죠. 편리함을 찾다 보면 자신 안의 보물을 잃어버리기 쉽습니다. 건강, 행복, 평화로운 삶을 원한다면 뇌가소성에 주목해야 합니다.

4. 뇌가소성을 죽이는 가장 큰 요인이 있다면 무엇이 있을까요?

→ 현대문명의 편리함에만 의지하는 것입니다. 결국 문명의 노예가 되어 버립니다. 움직이지 않는 생활, 영양가 낮은 음식, 늦은 밤까지의 활동은 수백만 년 동안 진화해온 인간의 뇌가소성을 없애는 요인입니다.

5. 일상 속에서 뇌가소성을 키울 수 있는 가장 간단한 방법은 무엇일까요?

→ 뇌는 움직임을 위해 만들어졌습니다. 한 시간에 1분씩 가벼운 스트레칭이나 유산소 운동을 해주면 좋습니다. 오랫동안 앉아 있는 활동은 뇌와 신체에 가장 해롭습니다. 하루에 15분씩 운동을 한 집단은 전혀 운동을 하지 않는 집단에 비해 사망률이 14%, 심혈관 질환 발생이 20%가 감소하고 수명이 3년이 연장되었다는 연구 결과가 있습니다.

6. 인간의 뇌는 성인이 된 후 정점을 찍고 나면 신경세포가 줄어든다고 하는데요. 성인이 된 이후에도 신경세포를 발달시킬 수 있나요?

→ 1997년 성인의 뇌 속 해마 부위에서 신경세포가 생성되는 놀라운 발견이 있었습니다. 신경세포의 발달을 도와주는 BDNF(뇌유래신경성장인자)가 최근 주목을 받고 있습니다. 운동, 영양, 수면, 음악 등을 통해 전두엽과 해마에서 BDNF가 활성화되는 연구가 나오고 있습니다. BDNF가 활성화되는 생활을 해야 합니다. 즉 뇌를 적극적으로 사용하고 활용하는 습관이 중요합니다.

7. 앞으로 작가님의 활동 계획이 궁금합니다.

→ 대한민국은 선진국의 문턱에 서 있습니다. 그리고 여러 부문에서 서로에 대한 불신이 팽배해 있습니다. 이를 해결하기 위해서는 자신의 뇌의 가치를 알고 활용하는 브레인트레이너가 필요합니다. 이 꿈은 뇌의 시대가 열리고 있으니까 가능하리라 생각합니다. 우리나라는 세계를 이끄는 두뇌 강국으로 발전할 수 있을 것이라고 확신합니다.

contents

2장 뇌가소성을 배우자

3장 뇌가소성을 키우자

운동에 뇌가소성이 있다

브레인푸드에 뇌가소성 있다

수면에 뇌가소성이 있다

명상에 뇌가소성이 있다

정보에 뇌가소성이 있다

4장 뇌가소성의 목표

1장

뇌가소성이란?

Brain Plasticity

사용할수록
강화되는 뇌

BTS도 뇌가소성을 사용했다

BTS의 국위선양이 대단하다. 최초라는 수식어를 연일 만들어내고 있다. 2018년 케이팝 최초로 빌보드 1위를 차지했고, 2020년에는 빌보드 메인 차트인 핫 100에서 비영어권 노래로는 처음으로 1위를 했다. 한글 가사로 1위를 한 것이 놀랍기만 하다. 2021년에는 빌보드 '글로벌 200'과 '글로벌'을 동시에 1위를 한 통산 4번째 가수가 되었다.

BTS의 성공 비결은 무엇일까? 바로 뇌가소성을 배우고 활용했다는 것이다. BTS 멤버 일곱 명 가운데 RM, 슈가, 제이홉, 지민, 뷔, 정국 여섯 명이 글로벌사이버대학교 방송연예학과에 재학중이거나 졸업한 것으로 알려졌다. 글로벌사이버대학교는 뇌교육 특성화 대학으로 필수 과목으로 뇌 교육을 배워야 한다. 바로 뇌 교육의 핵심 이론이 '뇌가소성'이다.

2017년 2월 10일 브레인트레이너 협회는 글로벌사이버대학교, 뉴런러닝 공통 주최로 뇌가소성 분야의 세계적 권위자인 마이클 머제니치 박사를 초청하여 '뇌가소성과 회복'이라는 주제로 강연을 열었다.

"뇌가소성이 있다는 사실은 우리에게 평생에 활용하고 발전할 수 있는 자원이 있다는 뜻입니다. 뇌는 나이와 상관없이 계속 발전할 수 있는 만큼 인류 최대의 선물이죠. 이를 통해 자신을 발전시키고, 주위의 사람들을 돕는 데 쓸 수 있습니다. 이를 활용하지 않는 것은 정말 어리석은 일이죠."

머제니치 박사는 뇌는 제대로 훈련을 하면 죽기 직전까지 발전할 수 있지만 그렇지 못할 수도 있다고 말했다. 즉 "뇌가소성은 두뇌를 긍정적으로 변화시킬 수 있을 뿐만 아니라 부정적으로 변화시킬 수도 있습니다. 예를 들어 두뇌가 발전할지 후퇴할지는 자신의 선택에 달려 있다."라고 강조했다.

왕성하게 활성화된 뇌를 퇴화시키기도 쉽다. 왕성한 쥐의 뇌에 잡음, 즉 고주파 소리를 5~6주 동안 노출하면 쥐의 뇌세포가 급격히 줄어든다. 두뇌 안에 있는 스위치의 방향을 정함으로써 긍정적으로도 부정적으로도 변화시킬 수 있다는 것이다.

머제니치 박사는 '뇌가소성이 양날의 칼인 것은 이를 조절할 수 있는 능력이 자신에게 있기 때문이다. 그 정답을 찾는 것이 인류 생존의 열쇠가 될 것이며 계속해서 올바른 선택을 했을 때 몸과 두뇌는 계속 발전한다.'라고 말했다. 또한 '나이와 상관없이 똑같이 훈련했을 때 같은 폭으로 발전한다. 훈련을 받은 70세가 훈련받지 않은 20세와 같은 수준으로 향상되었다. 20세가 같은 훈련을 받으면 더 좋아지겠지만 75세가 25세와 같은 수준이 될 수 있다는 것을 알아야 한다.'라며 훈련을 통해 두뇌에 물리적 변화를 줄 수 있다고 강조했다.

마이클 머제니치 박사의 두뇌 건강법

① 노화를 걱정하지 말고 개인의 성장에 집중하라.
② 두뇌 능력을 최대한 활용하고, 이미 잘하고 있는 분야도 더 발전시키고 새로운 것을 배우고 개발하라.
③ 현재 자신의 두뇌 상태를 측정하고 상위권이 아니라면 훈련하라.
④ 세상을 관대하게 보고 사교적인 사람이 돼라. 만약 당신이 누군가를 행복하게 만든다면 가장 큰 수혜자는 바로 당신의 뇌이다.
⑤ 인생은 개인마다 특징이 있다. 시련이 닥치는 것은 당연한 일이니 두려워하지 마라. 분명히 이겨낼 수 있다.
⑥ 장미향을 맡아라. 모든 것에 감사하고 세상을 더 새롭게 보라.

진시황이 찾는 불로초

중국을 천하 통일하여 시황제라 자칭했던 진나라 36대 군주인 진시황은 불로장생을 꿈꾸었다. 그는 서불에게 5백여 명의 군사를 주며 불로초를 구해오라고 명령했다. 그러나 서불은 돌아가면 죽을 줄 알았기에 제주도에 머물렀다. 불로장생을 꿈꾸던 진시황은 49세의 짧은 나이로 생을 마감했다.

불로초는 인간의 허황된 마음에서 비롯되었다. 그렇다면 이런 마음은 어디에서부터 비롯되는 것일까? 바로 생각에서 출발한다. 뇌는 사람의 행복, 건강, 평화와 같은 것을 생각하게 할 뿐만 아니라 지식을 쌓고 활용하게 한다. 뇌를 연구하는 과학자들이 지식적인 면으로 신경가소성에 대해 이야기하지만 실생활과 밀접한 연관이 없다. 그래서 뇌 교육과 활용을 어떻게 해야 할지 뇌가소성의 적용이 절실하다는 것을 느꼈다.

두뇌가 존재하는 이유는 무엇일까? 한마디로 생존을 위해서다. 생명체로서 주변 환경과 조건을 이겨내고 적응하여 생존하기 위해서다. 뇌의 힘은 막강하다. 하지만 뇌는 기관이 아니기 때문에 잘 느끼지 못할 때가 많다. 그나마 머리가 아프거나 스스로 머리가 안 좋다고 이야기할 때 뇌를 인지하게 된다.

인간 창조성의 비밀은 무엇일가? 바로 뇌가소성이다. 인류가 연구하며 결과를 낼 수 있게 된 것은 바로 뇌가소성 때문이다. 뇌가소성을 이해하고 활용한다면 자신의 꿈을 이룰 수 있는 비밀의 열쇠를 갖게 된다. '가소성'의 '소성'은 그리스어인 도자기를 빚는 것에서 유래하였다. 찰흙으로 도자기를 빚으면 어떻게 될까?

빚고 나면 도자기 형태가 그대로 남아 있다. 바로 어떤 물체에 힘을 주어 형태가 변형된 다음에 힘을 제거해도 그 형태가 그대로 남는 것이 소성이다. 소성의 반대는 탄성이다. 대표적인 것이 스프링이다. 스프링에 힘을 가하며 압축한 다음 힘을 빼면 바로 원래 상태로 돌아온다. 소성과 탄성은 반대되는 개념이다. 사람은 탄성이 아니라 소성이 있다. 여기에서 나온 물리학의 개념이 가소성이다. 이 가소성을 인간의 두뇌에 적용한 이론이 뇌가소성이다.

뇌 과학자들은 최근 뇌가소성에 주목하고 있다. 뇌가소성은 좋고 나쁨도 없다. 내가 주의하고 집중하는 곳에 뇌가소성이 일어난다. '나는 잘 될 거야.', '나는 할 수 있어.', '나는 포기하지 않아!'라고 하면 뇌가소성이 발휘된다. 반대로 '잘 안 될 거야.' '내가 할 수 있겠어?' '나는 못해.'라고 부정적인 생각을 하면 안 되는 방향으로 작동한다. 바로 이 놀라운 비밀이 전 세계를 열광시켰던 시크릿의 비밀이다.

매트릭스가 현실이다

1999년에 개봉한 영화 〈매트릭스〉는 인공지능이 인간을 지배하는 미래를 흥미롭게 풀어내 화제를 모았다. 주인공은 모범적인 회사원으로 성공을 위해 열정을 바치는 사람이다. 그러던 어느 날 공허함이 들면서 현실이 이상하다는 생각을 하게 된다. 곧 자신이 사는 현실이 가상세계라는 것을 알게 된다. 인류의 삶은 로봇에게 전기를 공급해주는 원료에 불과한 것이다. 그러나 가짜 세계인 것을 알고 있지만, 현실은 너무나 비참하기에 다시 가상의 세계로 들어가려고 한다.

이 영화를 보면 가상세계는 현재 인류와 비슷하다. 하지만 실제의 세계에서 인류는 로봇의 에너지로 기능한다. 가상의 세계를 만들기 위해 인류는 잠을 자는 채로 조그마한 통 안에서 전기를 만들어낸다. 어쩌면 영화와 현재의 삶은 비슷한 점이 많을 것이다. 겉으로는 화려하고 멋지게 보이지만 내면은 텅 비어 있다. 만약 매트릭스가 현실이라면 어떤 생각이 들까?

2019년 '국회미래연구원'은 〈2050년에서 보내온 경고〉에서 핵심 분야를 13개로 나누고 대한민국의 미래를 예측하는 보고서를 작성했다. 연구 결과 13개 부분에서 많은 어려움이 나타날 것으로 예측했다. 휴먼(human)편에 따르면 인간의 수명은 150세까지 연장되고 뇌의 핵심 기능인 인지와 기억 등을 데이터화하는 기술이 가능해진다. 허종호 국회미래연구원 연구 위원은 "개인의 뇌에 저장된 정보를 컴퓨터에 업로드 할 수 있게 된다면 정신작용이라고 믿어왔던 뇌를 신체에서 분리할 수 있을 것"이라고 말했다.

여기에서 가장 큰 위협 요소는 과학기술과 불평등해진 신계급의 등장이다. 자칫하면 극소수만 혜택을 누리면서 대중은 매트릭스와 같은 현실을 만나게 되는 것이다. 김중백 경희대 사회학과 교수는 "탐욕에 의한 맹목적인 과학기술의 발전은 불평등을 악화시키고, 종국에는 기술에 대한 통제력까지 잃게 된다."라고 예측했다.

매트릭스가 영화가 아니라 현실임을 인정하는 게 쉬운 일은 아니다. 주인공이 두 개의 알약을 놓고 고민하던 모습이 보인다. 하나는 기억을 잃어버리고 현실로 돌아가는 것이다. 남은 하나는 진짜 세상을 느껴보는 것이다. 여러분 앞에 두 개의 알약이 있다. 하나는 그냥 그대로 사는 것이고, 하나는 새롭게 나를 변화시켜 나가는 것이다. 어떤 알약을 먹겠는가?

천재가 부러워요?

기억력은 학교를 다니거나 직장생활을 할 때 등 꼭 필요한 능력이다. 그렇다면 기억을 잘하면 행복할까? 한 번 보고 들었을 뿐

인데 모든 것이 기억이 된다면 어떨까? 두뇌에 관해 비범한 능력을 가진 두 사람이 있다.

1951년에 태어난 킴 픽은 네 살 때까지 걷지 못하고 감정적으로 화를 많이 냈다. 정신지체로 진단했던 의사들은 정신병원으로 보내야한다고 했지만 그의 아버지는 아들의 능력을 알아보았다. 양쪽 눈으로 각각 책을 읽으며 정확하게 기억을 했다. 1만 2000여 권에 달하는 책을 외웠다. 비대한 머리를 지녔고 좌우 대뇌반구를 연결해주는 뇌량이 없었다. 그는 영화 〈레인맨〉의 모델이 되었다. 암기력이 뛰어난 형의 유산을 가로채는 이기적인 동생이 점차 형제애를 깨닫게 되는 과정을 묘사한 영화로 1989년 아카데미상을 수상했다.

《모든 것을 기억하는 여자》의 저자인 질 프라이스는 1965년 미국 뉴욕에서 태어났다. 그녀는 1978년 12살에 자신의 기억력이 무척 세밀하다는 것을 느꼈다. 특정한 날짜를 이야기하면 자신이 무엇을 했는지, 사건과 사고는 무엇인지와 더불어 날씨와 저녁식사로 무엇을 먹었는지도 기억했다. 모든 것을 기억할 수 있으면 축복일까? 어린 시절 받은 상처, 남편을 잃은 기억, 떠올리고 싶지 않은 불쾌한 기억까지 생생하게 떠올라 그녀를 괴롭혔다.

그녀는 2000년 6월, 캘리포니아 대학교의 신경생물학과 교수인 제임스 맥거프 박사를 찾아가서 상담을 받았다. 그녀는 '과잉기억증후군'이라는 진단을 받는다. 과잉기억증후군은 그녀의 특별한 기억력을 설명하기 위해 만들어진 새로운 의학용어이다. 이 사례는 2006년 2월 뇌 과학 분야의 학술지인 뉴로케이스에 「비상한 자서전적 기억의 사례」라는 논문으로 공개되었다.

그녀는 "나는 14세 이후 벌어진 매일의 일상에 대해 완벽에 가까운 자서전적 기억을 갖고 있다. 8살 때였던 1974년부터 나의 기억은 놀랄 만큼 세밀해졌고, 1980년에 이르러서는 거의 완벽에 가까워졌다. 그해 이후부터 어느 날이든 대보라. 나는 단박에 그날이 무슨 요일인지, 내가 무슨 일을 했는지, 주요 뉴스를 비롯해 시시콜콜한 소식들을 말해줄 수 있다. 내 기억은 나의 일상을 빠뜨리지 않고 담아놓은 홈비디오와 비슷하다. 내 머릿속의 비디오는 쉴 틈 없이 돌면서 지나온 시공간을 훌쩍 뛰어넘는다. 그러고는 제멋대로 나를 그 장면 안으로 끌고 들어간다."

물론 천재가 모두 문제가 있는 것은 아니다. 2018년 8월 30일 브레인트레이너협회는 글로벌사이버대학교와 공동주최로 기억력 분야 세계 신기록 보유자인 에란 카츠 초청강연회를 열어 '초기억력의 비밀'을 주제로 강연을 열었다. 그는 1965년 이스라엘 출생으로 500자리의 숫자를 한 번 듣고 기억하여 기억력 부문 세계 기네스 기록을 보유하고 있다. 유대인 지능 계발과 학습법을 우화로 풀어낸 『천재가 된 제롬』과 유대인식 기억력 향상법을 담은 『슈퍼 기억력의 비밀』 등 그의 저서는 12개 언어로 번역되어 50만 부 이상 판매되었다. 에란 카츠는 강연회에서 기억력을 직접 시범 보였다. 사람들은 500자리는 아니지만 초기억력을 직접 확인했다. 그는 누구나 훈련하면 기억력을 증진할 수 있다고 말한다. 바로 뇌가소성을 이야기하고 있는 것이다.

2014년 〈루시〉라는 영화가 화제가 되었다. 뇌의 능력을 90%, 100% 활용하는 이야기였다. 모두가 부러워하는 것이었지만, 그 뇌를 어떻게 써야 하는가가 중요하다는 메시지를 담고 있다. 천재들을 살펴보면 가족들 중 조현병을 앓는 사람이 많이 있었다. 천재는 어쩌면 유전의 실수로 발현되는 것이라고 볼 수 있다. 뇌를 100% 쓴다면 일상적인 생활은 포기해야 할지도 모른다. 정상적이면서 뇌의 효과를 최대한 발휘하는 방법이 바로 뇌가소성이다.

에란 카츠 '초기억력의 비밀' 강연회 사진

현대인의 뇌가 죽고 있다

풍요 속의 빈곤한 뇌

100세 시대가 되었다. 인류의 수명은 두 배 가까이 늘었고, 지금도 계속 늘고 있다. 2010년에 태어난 인구의 기대 수명이 남자는 78세, 여자는 85세라고 한다. 평균 수명이니 건강하게 잘 관리하면 100세를 사는 것도 충분히 가능하다. 과거에는 환갑만 되어도 오래 살았다고 하면서 인생을 마무리하는 시기였다. 그러나 의학의 발달과 각종 영양소의 공급이 원활해지면서 수명도 늘어났다.

수명이 늘자 노후가 문제로 대두되었다. 그래서 요즘 20~30대는 비혼주의이거나 결혼은 했어도 아이를 낳지 않는 일이 많아졌다. 우리나라의 신생아 비율은 OECD 국가 중에서 꼴찌이다. 10만 명당 1명이 채 안 되는 출생률로 2100년이 되면 우리나라의 인구는 4000만 명으로 줄고, 평균 연령은 60대가 된다는 보고서도 있다. 어쩌면 인구 감소는 예견된 일일 것이다. 현재 인류의 환경을 보면 사람이 살기에는 힘든 곳이다. 전 세계 70억 인구가 살아가려면 지구가 2개는 더 필요하다는 연구 결과가 있다. 한국인의 고기 소비량은 적정 소비량의 5배를 더 소비하고 있다. 그 동물을 키우기 위해서는 많은 땅이 필요하고 이로 인해 각종 공해도 배출된다.

뇌는 인류의 역사와 더불어 성장했다. 동물이 출연하며 뇌가 발달했다. 파충류에서 포유류를 거쳐 영장류가 탄생했다. 영장류는 새로운 문화를 만들었고, 자연환경의 피해로부터 벗어날 수 있는 과학을 발전시켰다. 산업혁명 시대를 거쳐 인공지능이라 불리는 4차 혁명의 시대에 접어들었다. 사회는 빠르게 변화하고 있지만 사람의 진화는 기술만큼 빠르지 않다.

원시시대의 인간은 생존을 위하여 몸부림 쳐야했다. 그러나 이제는 이러한 환경으로부터 벗어났으며 인간의 뇌는 진화와 발전을 거듭했다. 뇌가소성은 여러 환경에서 인류를 발전시켰다. 환경에 살아남을 수 있도록 직립보행을 하게 했으며, 도구를 사용하며 모든 감각을 통합하여 고차원적인 언어를 구사했다. 기억은 언어의 발달로 고도의 확장이 일어났고, 인류의 지식이 후대로 전달되면서 문명의 발달을 이루었다. 그러나 현재 인류는 새로운 위기를 맞이했다.

우리나라의 인구 중 당뇨병, 고혈압 등과 같은 기저질환자가 1,000만 명에 이른다. 주위를 둘러보면 온갖 건강에 좋은 식품과 영양제, 편리한 제품이 쏟아지고 병·의원이 넘쳐나는데 오히려 건강수명은 줄었으니 아이러니하다.

몸을 떠나 마음을 보면 어떤가. 삶의 만족도는 세계 최하위를 기록하고 있으며, 자살률은 전 세계 일등이다. 세대 간의 갈등도 크다. 어디로 가야 하고 어떻게 해야 할지 모르고 있다. 정치는 극한 대립에 있고, 종교와 사상이 다르면 반대편으로 간주한다. 어떻게 해결할 것인가?

뇌에 답이 있다. 뇌는 인류를 진화시켰고 앞으로도 그럴 것이다. 더 이상 인간의 뇌를 의료와 과학에만 맡기지 말자. 뇌의 속성을 알게 된다면 이해될 것이다. 뇌가 그렇게 생겼기 때문이다. 자동차는 운전사를 바꿀 수 있지만 뇌는 바꿀 수 없다. 인지, 사고, 기억, 운동의 모든 중추이자 사령부인 뇌를 바꾼다는 것은 나를 잃는다는 것이다.

과학과 문명의 발달로 나를 잃고 외부에 나를 맡기면서 위기가 생겼는지 모른다. 인류가 바른 답을 찾는 것은 자신의 뇌에서 시작할 것이다. 뇌가소성을 통해 무엇을 알아야 할까? 자신 안의 희망, 용기, 긍정을 찾아야 한다. 뇌가소성을 통해 삶의 희망을 느낄 수 있다.

어제의 내가 오늘의 내가 아니다. 어제의 나는 실패하고, 좌절하고, 힘들었지만 오늘의 나는 변화할 수 있다. 바로 이것이 뇌가소성이다. 에디슨이 10만 번의 전구 개발의 실패에도 성공할 수 있었던 것은 뇌가소성이다. 성공 앞에 뇌가소성이라는 이름을 붙여라. 성공의 이름, 뇌가소성!

뇌는 지쳤다

TV 광고 속 사람의 모습은 더할 나위 없이 편하고 풍족해보인다. 상품을 홍보하며 이것만 있으면 최고의 행복을 누릴 것이라고 유혹한다. 그러나 그 상품을 구매한다고 해서 행복이 생기지 않는다. 오히려 불필요해질 때도 있고, 또 다른 것에 관심이 가기도 한다. 왜 만족하지 못하고 행복하지도 않을까? 기업은 뇌 과학자를 통해 인간의 행동 원리를 알고 있다. 어떻게 하면 물건을 구매하게 유도할 수 있는지 알고 있는 것이다. 이 상품과 서비스를 이용하지 않는다면 낙오된다고 은연중에 협박한다.

예전에 내가 명상센터를 운영할 때 한 회원이 한숨을 쉬면서 어떻게 살아야 할지 모르겠다고 했다. 그녀는 유명 사립대학교의 교수였고, 남편은 한국 최고의 신문사 기자였다. 그녀는 행복을 위해서 거쳐야 하는 난관들이 이루어지면 행복해질 수 있을 것이라고 생각했다고 했다. 그런데 교수가 되고 나니 정교수가 되기 위해서 더 치열하게 경쟁을 해야 했고 이런 현실이 힘들다고 했다.

편리함이 넘치는 세상인데 현실을 조금만 돌아보면 그렇지 않다. 행복한 파라다이스가 금방 올 것 같지만 삶은 고단하다. 종교에도 의지하고, 취미도 가져보고, 휴식도 가져보지만 쉽지 않다. 옳은 일을 하는 것은 잘못된 일로 치부된다. 주위 모두가 그렇지 않은데 혼자만 하면 오히려 바보가 되는 것 같다. 어떻게 해야 할까?

뇌에서 그 답을 찾아야 한다. 생물학적인 뇌가 아니라 살아 있고 나를 변화시키고 창조해야 한다. 현실은 스마트폰 하나로 모든 서비스가 이루어지지만 오히려 이것이 행복을 멈추게 만들기도 한다. 뇌를 사용하지 못하기 때문에 뇌를 살아 있게 만들어야 한다. 그렇다면 지금 이용하는 서비스를 모두 버리고 산속으로 들어가라는 말인가. 그럴 수도 없는 일이다. 답을 어떻게 찾아야 할 것인가?

과거에는 입사한 직장에서 정년까지 근무했는데, 지금은 어렵다. 여러 직장, 직업이 필요하다. 나쁘게 보면 힘들지만, 좋게 보면 다양한 경험을 할 수 있다. 부모님 세대는 신혼여행으로 제주도를 가면 큰 행운이었다. 비행기 한번 타기 어려웠다. 하지만 지금은 명절 연휴만 되도 수백만 명이 해외여행을 간다는 기사를 접한다. 여행은 세상을 다양하게 경험하고 느낄 수 있게 한다.

현대는 누구에게나 똑같이 정보가 열려 있다. 무한 경쟁의 시대이다. 나이가 들면 체력, 기억력, 두뇌 회전력도 떨어진다. 문제가 많이 느껴진다. 앞은 보이지 않고 쫓기듯이 앞만 보고 달리지만 몸은 고되다. 두뇌는 빠른 환경 변화에 스트레스를 받는다. 변화를 따라잡기 위해서는 무엇이 필요할까? 뇌가소성을 활용해야 한다.

스트레스가 뇌가소성을 죽인다

뇌 과학에서는 스트레스가 발생할 때 HPA 축이 활성화된다고 한다. 시상하부, 뇌하수체, 부신피질의 약자이다. 시상하부는 새끼손가락 끝마디 크기로 3~4g 무게의 작은 부위이다. 이 작은 부위는 22개의 핵으로 구성되어 체내의 수분, 영양, 성, 산소 등 체내의 항상성을 관리하는 중요한 작용을 한다. 스트레스 반응이 일어나면 시상하부에서부터 명령이 전달되어 부신피질에서 스트레스 호르몬인 코르티솔이 즉각 반응한다.

집에 불이 나면 어떻게 대처하나? 작은 불이면 끌 것이고 큰 불이면 도망갈 것이다. 뇌도 마찬가지다. 싸울 것이냐? 도망갈 것이냐? 투쟁과 도피반응을 나타낸다. 토끼가 있으면 잡아서 영양을 보충하고 호랑이라면 빨리 도망가야 한다. 몸 안의 모든 힘을 모아 생존을 위해 사용한다. 자율신경계의 교감신경이 항진되는 것이다. 교감신경의 흥분이 지나고 나면, 부교감신경이 활성화되어 안정을 이룬다. 이것을 길항작용이라고 한다. 스트레스가 일시적으로 일어나는 것이다.

현대 사회는 초등학생부터 입시에 시달리고 있다. 학교에 가자마자 경쟁을 해야 하며 평가를 받으면서 남보다 잘해야 한다는 압박감이 생긴다. 부모님과 선생님은 날마다 공부 이야기를 하고 평가한다. 스트레스 호르몬인 코르티솔이 지속해서 분비된다. 대학교에 갔다고 끝나는 것이 아니다. 청년 취업난은 점점 심해지고 있다. 대학교 들어가자마자 취업 준비를 해야 한다.

과거에는 스트레스가 지금보다 일시적이었다고 한다면 지금은 연속적으로 이어진다. 집에 온종일 긴급출동 사이렌이 울린다고 생각해 보라. 하루도 아니고 몇 달, 몇 년간 계속된다면 어떨까? 현대인의 뇌가 그런 상태에 있다. 뇌를 보호해야 한다.

현대는 스트레스가 만연한 사회로 변했다. 뇌에는 여러 가지 구조가 있지만, 그중에서 중요한 하나가 해마와 편도이다. 해마는 바닷말과 비슷하게 생겨서 이름 지어졌다. 편도는 아몬드 씨앗처럼 생겨서 붙여진 이름이다. 해마와 편도는 감정 뇌의 좌우

측에 한 쌍이 있는 데 해마의 끝에 편도에 붙어 있다.

편도는 한마디로 스트레스 촉발자라고 불린다. 공포나 놀라는 상황에서 제일 먼저 반응하는 부분이 편도이다. 편도가 스트레스를 받으면 즉시 스트레스 축이 활성화된다. 호르몬 분비를 명령하는 시상하부에서 뇌하수체에 호르몬 분비를 명령하면, 부신피질로 가서 스트레스 호르몬인 코르티솔이 분비된다. 코르티솔은 다시 해마로 가서 작동한다. 바로 편도에 있는 스트레스를 조절하고 브레이크를 걸어주는 기능이 바로 해마다. 해마가 건강해야 스트레스 발생 상황 시에 편도를 조절할 수 있다. 해마는 기억과 학습을 담당한다. 그전에 기억을 더듬어 싸울 것인가 피할 것인가를 판단한다. 스트레스는 생명을 보호하는 중요한 작용을 하고, 편도와 해마는 그 역할의 핵심적인 기능을 한다.

현대인의 스트레스는 장시간 이어지고 있다. 편도는 쉼 없이 스트레스 상황에 빠지면서 지속해서 코르티솔을 분비한다. 코르티솔은 단기적으로 생성될 때는 문제가 없지만, 지속해서 발생하면 해마에 문제를 일으킨다. 해마의 신경세포를 파괴하는 것이다. 그래서 최근에 코르티솔을 죽음의 호르몬이라고 지칭하기도 한다.

해마는 기억을 담당하는 아주 중요한 기능을 한다. 스트레스가 심해지면서 기억력이 떨어지는 것은 당연하다. 기억력 장애인 알츠하이머도 스트레스와 큰 관련이 있다. 스트레스는 해마뿐만 아니라 인간 뇌의 총사령부인 전전두엽의 기능도 떨어드린다. 이제 어떻게 해야 할까? 원시림에 사는 편도와 해마를 어떻게 구해야 할 것인가?

만성 스트레스는 이성적인 전전두엽과의 연결을 단절시킨다. 부정적인 정서가 먼저 올라온다. 스트레스를 많이 받으면 사물을 긍정적으로 바라보기 힘들다. 부정적인 가소성이 만들어지면서 점점 더 부정적인 사람이 된다.

뇌가소성의 비밀

뇌가소성 전문가가 되어야 한다

몸이 아프면 의사를 찾아가고 자동차가 고장 나면 카센터를 찾는다. 지식이나 기술을 배울 때도 학원이나 전문가를 찾아가 배운다. 그렇다면 뇌가소성을 알려주는 전문가는 누구일까?《기적을 부르는 뇌》에서 노먼 도이지는 새로운 뇌 과학을 치료에 활용하는 사람들을 '뇌가소치료사'라고 했다. 아프면 치료해주는 의사가 아니라 미리 두뇌를 잘 활용하게 해주는 안내자이다.

지금은 두뇌를 잘 활용할 수 있도록 돕는 전문가를 요구하는 시대다. 스스로 뇌를 변화시킬 수 있어야 한다. 다양한 분야에서 뇌가소성의 사례가 나오고 있다. 1900년 초까지만 해도 성인의 뇌는 변화할 수 없는 기관으로 인식되었다. 하지만 다양한 연구를 통해 이제 뇌는 변할 수 있다는 것이 기정사실로 되었다. 나이와 상관없이 노년이 되어도 변화한다는 여러 연구 결과가 나왔다. 노년이라고 해도 뇌를 잘 관리하면 건강과 활력을 얻을 수 있는 것이다.

산업혁명 이후 만들어진 교육 시스템은 사람을 로봇이나 기계처럼 만들었다. 자신만의 개성이나 창의성은 버려둔 채, 책상에 앉아 선생님의 지시대로 계산하고, 기억하는 것이 제일 중요하다고 배웠다. 그러다 보니 스스로 판단하는 힘은 많이 약하다. 대다수가 그렇다 하면 정답이라고 생각하고 동의한다.

인생에서 비전을 세우는 일은 매우 중요하다. 이 비전을 잃어버리면 나침판을 잃은 배처럼 바다를 헤매게 된다. 비전은 삶의 희망이다. 인생을 고통이라고 한다. 태어나자마자 죽음을 향해서 가기 때문이다. 뇌가소성이 있다면 언제든 포기하지 않고 비전을 향해 나아갈 것이다.

물은 100℃가 되어야 끓는다. 99℃에도 끓지 않는다. 온도계가 있다면 좋겠지만, 온도계가 없다면 계속 불을 가해주고 인내를 가지고 기다려야 한다. 양자역학의 놀라운 비밀은 입자가 에너지이고 에너지가 입자라는 것이다. 기존에는 물체는 입자고 파동 같은 것은 에너지로 구분했다. 우리나라 말에도 '심기혈정'이라는 말이 있다. 마음이 있는 곳에 기가 있고 기가 있는 곳에 혈이 있고 혈이 있는 곳에 정이 있다는 이야기다. 즉 마음이 현상을 변화시킨다는 것이다.

스마트폰은 전기를 충전해야 한다. 전기가 있어야 하드웨어가 작동하기 때문이다. 사람도 에너지가 있어야 한다. 바로 에너지가 가소성을 만드는 비결이다. '불광불급'이라는 말이 있다. 미쳐야 이루어진다는 말이다. 미쳤다는 말을 굉장히 안 좋게 생각하기도 하는데 미치다는 뜻은 '다다르다'라는 뜻이다. 목표에 미쳤다는 것은 목표에 가까이 왔다는 뜻이다. 요즘 사람들은 뭔가에 미치기를 거부한다. 너무 많이 분석하려고 한다. 변화는 생각만으로 되지 않는다. 뇌가소성도 마찬가지다.

뇌가소성 전문가는 무에서 유를 창조하는 사람이다. 정주영 회장은 어려서 가난한 농부의 아들로 태어났지만, 현대그룹을 세웠다. 처음 서울에서 일자리를 잡은 곳이 쌀가게였다. 하지만 이곳에서 일을 하려면 자전거를 탈 줄 알아야 했는데 그는 자전거를 타본 적이 없었지만 가능하다고 말했다.

취업에 성공한 그는 첫 배달을 몇 시간 만에 마치면서 자전거를 배웠다. 오일머니가 넘칠 때 중동에 건물을 짓는 것은 불가능하다고 했다. 왜냐하면 날씨가 무척이나 더웠고 물도 없었기 때문에 모래사막에서 버티기는 어려웠던 것이다. 그러나 정주영은 중동은 기회의 땅이라고 생각했고, 날씨가 더우니 밤에 공사를 하고, 건설에 중요한 모래가 넘치고 있으니 좋은 조건이라고 여겼다.

또한 그는 미국 대통령의 방한 일정에 맞춰 한겨울에 UN 묘지에 잔디를 입히는 일을 발주받았다. 그때 모두가 불가능한 일이라고 포기했다. 그러나 정주영은 보리싹을 씌우는 방법으로 일을 해냈다. 긍정의 가소성을 가지고 있던 것이다. 그냥 어렵다가 아니라 어떻게 하면 할 수 있을까를 생각해낸 것이다. 누구에게나 뇌가소성은 있다. 뇌가소성은 쓰는 사람이 주인공이다.

뇌가소성을 잘 쓰는 사람은 건강을 회복하고 집중력도 좋아지며 돈도 전보다 많이 벌게 된다. 불행하다고 느끼는 사람이 스스로 행복해질 수 있는 길이다. 당신의 목표는 무엇인가? 당신이 일으키고 싶은 가소성은 무엇인가? 우리는 그것을 소원, 바람, 꿈이라고 표현한다. 꿈을 이루려면 절대 포기해서는 안 된다.

뇌가소성은 바로 일어나지 않는다. 왜냐하면 뇌는 효율적으로 작동하기 위해 기존의 방법을 고수한다. 뭔가 중요한 변화가 있을 때만 방향을 바꾼다. 뇌가소성은 현실을 변화시킨다. 뇌가소성이 일어났다는 것은 현실이 변화했다는 것이다.

영화를 보면 환상적인 이야기들이 나온다. 인공지능 시대가 성큼 다가온 것 같지만, 인간의 두뇌에 비해서는 아직 걸음마 수준이다. 〈매트릭스〉에서 주인공이 머리에 칩을 넣으니 저절로 새로운 무예나 언어가 습득되는 장면이 있다. 영화 〈루시〉는 평범한 주인공이 뇌를 100%를 사용하는 이야기다. 그런 세상이 온다면 어떻게 행동해야 할까?

뇌가소성은 꿈을 이루기 위해서 필요하다. 변화를 위해 기존의 방식을 벗어나야 한다. 도로를 만든다고 해보자. 기술의 발달로 바다 위에도 다리를 만들고, 밑으로는 해저터널을 뚫는다. 공사 중에는 많은 어려움이 있다. 새로운 길을 뚫을 때까지는 힘이 들지만, 그 이후는 길을 통해 관광 수익뿐만 아니라 편리함도 얻을 수 있다.

조상들은 언제부터 뇌를 알았을까?

뉴런과 뉴런 사이를 시냅스라고 하는데 시냅스의 숫자가 늘거나 연결고리가 강화된 것을 뇌가소성이라 한다. 이것을 뇌 과학에서는 시냅스들의 장기강화 작용 LTP(Long Term Potentiation)라는 현상에 의해 강화되었다고 한다.

노르웨이의 신경과학자인 뢰모 교수가 LTP를 발견한 것은 1966년이지만 중요성을 이해하기까지 많은 시간이 흘렀다. 사용하면 강화되고 사용하지 않으면 약해진다는 원리다. 한자 속담에 '우공이산(愚公移山)'이라는 말이 있다. 어리석은 우공이 산을 옮

겼다는 것이다. 묵묵히 하다 보면 큰일을 이룰 수 있다는 뜻이다. 물이 한곳에 계속 떨어지면 바위를 뚫을 수 있다. 가소성이란 반복과 습관의 현상이라고도 할 수 있다. 반복과 습관을 통해 전문가로 갈 수 있게 하는 비결이 바로 뇌가소성이다.

한의학에서는 뇌를 '뇌수(腦髓)'라고 한다. 뇌는 수(髓)가 모인 곳이라는 뜻이다. 수는 정수(精髓)로 사물의 중심이 되는 골자 또는 요점을 뜻한다. 인체에서 중심이 되고 가장 중요한 곳이다. 동의보감에는 뇌는 머리에 백회혈(百會穴)이 있는 곳이라고 하여 정수리를 나타냈다. 백회혈 자리에 있는 뇌를 '골수의 바다'라고 표현했는데 이 부위의 뇌가 꼬리뼈까지 존재하는 모든 골수를 관장한다.

우리 민족의 3대 경전 중 하나인 〈삼일신고(三一神誥)〉에는 이미 뇌 속에 모든 것이 다 있다고 말했다. 세계의 여러 의학자, 철학자, 과학자, 심리학자뿐만 아니라 이미 우리 조상들도 뇌를 중요하게 생각하고 있었던 것이다.

컴퓨터를 사용하려면 윈도우 프로그램을 알아야 한다. 뇌를 가지고 있는 사람은 뇌를 잘 사용하기 위해 뇌가소성을 알아야 한다. 수백만 년 전에 사람의 원조라고 하는 오스트랄리아 피테쿠스가 탄생했다. 얼마 뒤 현대 인류와 닮은 호모사피엔스가 10~20만 년 전에 생겨났다. 진화는 그렇게 빠르게 일어나는 것이 아니다. 호모사피엔스와 지금의 인류를 비교하면 비슷한 모습이다.

하루에 10~15km를 걸은 호모사피엔스는 현대인보다 훨씬 건강하고 힘이 넘쳤을 것이다. 수렵생활을 해야 먹이를 구할 수 있기에 게으름은 곧 생존을 저해하는 요소가 되었다. 인간의 뇌는 움직임과 함께 진화를 거듭했다. 최근 100~200년 동안 인류의 생활은 획기적인 변화를 거쳤다. 진화의 관점에서 보면 이는 매우 짧은 시간이다. 특히 산업혁명 이후 인류의 변화는 더욱 가파르다.

지구가 태양의 주위를 도는 것을 공전이라고 한다. 공전 속도는 초당 30km이다. 1초마다 30km를 이동한다. 그런데 아무리 빨리 회전하고 있다고 해도 지구에서는 이 속도를 전혀 감지하지 못한다. 지구의 대기권이 방어막을 해주고 있기 때문이다. 우리의 감각은 지구가 아주 편안하게 고정된 것처럼 느낀다. 오늘도 멋진 우주여행을 하고 있는 셈이다.

한강의 기적을 이룬 대한민국의 뇌

사람은 지구를 잘 관리하고 있을까? 과학문명의 발달로 인해 대기 온도가 높아져 남극에 있는 빙하가 녹아 해수면이 상승했다. 환경오염과 더불어 자연을 파괴하는 일도 많다. 잘 먹고 잘살겠다는 인류의 신념이 재앙으로 다가온 것이다. 소나 닭 같은 동물의 대량 사육 시스템은 엄청난 문제를 일으켰다. 1kg의 고기를 만들기 위해 100kg의 콩이 필요하다. 100kg의 콩을 생산하려면 얼마나 많은 땅이 필요한가.

해방 직후 6·25 전쟁으로 인하여 우리는 세계에서 가장 못사는 나라였다. 잘사는 것만이 목표였기 때문에 기름 한 방울 나지 않는 나라에서 허리띠를 졸라매고 열심히 살았다. 이 결과 한강의 기적을 이루었고 서울은 세계 어느 나라와 비교해도 뒤처지지 않을 대표 도시가 되었다. 이제는 못 먹었던 고기를 충분히 먹고, 누릴 수 있는 자유를 만끽하고 있다. 그 결과 땅은 인류가 살아가기에는 부족한 공간이 되었다. 지금의 시스템으로 유지가 되려면 2배의 공간이 더 필요하다. 그러나 지구가 2배로 늘어날 수가 있을까? 그럴 수 없다. 그럼 어떻게 될까?

이제 가는 길을 멈추고 자신을 돌아봐야 한다. 길을 잘 가고 있는지 어디로 가고 있는지를 봐야 한다. 그래서 인문학이 중요하다. 자기 자신을 알기 위해 노력해야 하고 그 중심에는 뇌가 있다. 두뇌라는 관점에서 인문학을 펼쳐야 한다. 학교에서 배우고 부모에게 물려받은 지식이 아니라 나의 관점에서 인생을 돌아봐야 한다. 나는 무엇을 위해 살고 있는가? 현대인들은 먹고살기 위하여 열심히 일하고 있다. 그 대가로 각종 성인병부터 암까지 여러 질환에 시달리고 있다. 열심히 번 돈으로 다시 건강을 관리하기 위해 그 돈을 쓰고 있다.

한국인의 기저질환 수가 천만 명을 넘고 있고, 위험군까지 합치면 셀 수조차 없다. 우리는 무엇을 위해 이렇게 치열하게 살고 있을까? 답은 바로 뇌에 있다. 뇌는 수십억 년 동안 진화했다. 그렇다면 올바르게 뇌를 사용하는 것은 무엇일까? 바로 자신의 인생에 대해 만족하고 보람을 느끼는 것이다. 돈이 남보다 많기에 더 높은 위치로 승진하고 명예가 있기 때문이 아니라, 나이기에 나라는 존재 자체에 만족하는 것이다. 치열한 경쟁 시스템에서 돌아서서 자기를 본다는 것은 사치이고 낭비라는 것을 계속 들어왔을 것이다. 멈추는 순간 뒤처지는 것이니 말이다. 남보다 잘해야 한다. 남보다 잘살아야 한다. 너무도 불안하다. 아프다가 죽는 것이다. 그런데 건강하지 못하다 골골하다가 죽는다. 우리나라의 건강 나이는 65세이다. 평균 수명에 비추어 보면 20년을 골골하다가 죽는다는 말이다. 여러 병원을 전전하고 아파하다가 죽는다.

의료 시스템의 발전으로 인간의 수명은 2배가 늘었다. 경쟁하며 앞만 보고 달린 탓에 휴식을 취하려고 해도 어떻게 쉬어야 하는지 모른다. 방향이 없이 쉬는 것은 다른 고민을 일으킨다. 마치 서울에서 부산으로 운전을 할 때 내비게이션이 없이 가는 것과 비슷하다. 내비게이션이 있으면 언제 휴식을 취하면 좋을지, 몇 킬로미터가 남았는지 알 수가 있다.

뇌를 이해하면 종교를 이해하는 데 도움이 된다. 이것은 생물학적인 내용이 아니라, 나에게 어떤 의미가 있는지, 어떻게 다가오는지 내 삶에 어떻게 적용되는지를 아는 것이다. 이미 알고 있는 내용이거나, 아니면 과학적이지 않아 신뢰하기 어려운 내용도 있을 것이다. 뇌 과학은 현재 뇌의 많은 부분을 풀어내지 못하고 있다. 왜냐하면 뇌는 우주에서 가장 복잡한 기관이기 때문이다. 이것을 풀어가는 것은 인류 모두의 과제이다.

수십억 년의 진화를 거친 뇌는 내게 무슨 말을 하고 싶을까? 눈을 감고, 심장소리에 귀 기울여보자. 자연의 나무를 보고 새의 소리도 듣자. 아침 햇살의 따사로움도 느껴보자. 만약 이미 심장소리를 듣고 있으면 뇌를 좀 더 가치 있게 활용할 준비가 되어 있는 것이다. 두뇌를 중심에 두고 활용하다 보면 진정한 자신의 가치와 만나게 된다.

뇌가소성이 있다

어른의 뇌는 변하지 않을까?

뇌에 대한 발전은 어떤 기관보다 느리다는 사실이 여러 측면으로 주장되었다. 살아 있는 사람의 뇌를 연구하기가 어렵기 때문에 뇌의 시냅스 연결망을 찾아내는 데 한계가 있는 것이다. 우주에서 가장 복잡한 것이 있다면 그것은 바로 뇌라고 한다. 그러나 최근에는 뇌 구조를 보는 영상 기기의 개발로 획기적인 발전이 이루고지고 있다.

약 7000년 이상 된 선사시대 조상의 뇌에서 특별한 구멍이 발견되었다. 이 구멍은 부상이나 손상 때문에 생긴 것이 아니라 외과적인 수술을 한 흔적으로 본다. 어떠한 이유로 구멍을 내었는지 명확하지는 않지만, 뇌에 관한 관심을 가진 것은 분명해 보였다.

고대 이집트에서는 사람이 죽으면 미라를 만드는데 심장과 내장은 보존하였으나 머리는 콧구멍을 통해서 파내었다. 머리는 중요하지 않고 내장을 중요하게 여긴 것이다. 그리스의 위대한 철학자 아리스토텔레스는 심장에 영혼이 거주하며, 뇌는 심장을 식히는 냉각장치라고 여겼다.

갈렌은 로마시대의 수많은 환자를 돌본 의사로 유명하다. 그는 수많은 상처 입은 검투사를 치료하면서 뇌의 기능을 연구했다. 하지만 정치와 종교에 의해 사람의 뇌를 연구하기는 어려웠다. 소나 돼지 같은 동물을 해부하면서 갈렌은 동물의 정기가 뇌실에 의해 작동한다고 여겼다. 이후 갈렌은 위대한 스승으로 여겨져 수세기 동안 그의 이론에 대해 아무도 이의를 제기하지 않았다.

르네상스 시대에 뇌에 관한 연구는 종교적인 이유로 진행되지 못했다. 17세기 데카르트는 시상 뒤에 있는 송과체에 주목했다. 송과체가 뇌 정중선의 위치에 있어서 영혼이 거주하는 곳이라고 여겼다.

18세기 해부학자들은 뇌 표면의 주름에서 일정한 질서를 부여했는데, 19세기 프란츠 조셉 갈은 '골상학'이라는 새로운 뇌 이론을 정립했다. 골상학은 19세기 전반기에 대중에게 많은 인기를 누렸다. 두개골 돌기에 따라 27개로 기능을 구분했다.

19세기에는 큰 변화가 있었는데 이탈리아 과학자 갈바니는 뇌가 전기를 형성한다는 사실을 증명했다. 스콜틀랜드 내과 의사 찰스 벨과 프랑스 심리학자 마장디는 척수의 뒤로 전기가 올라가고 앞으로는 전기가 내려온다는 벨 마장디 이론을 만들어냈다. 심리학의 아버지라고 불리는 윌리엄 제임스는《심리학의 원리》에서 가소성을 이야기했다.

사람은 태아일 때 신경세포인 뉴런이 생성되고, 태어난 이후에는 뉴런이 생성이 안 된다고 한다. 이 이론은 최근 100년 동안 지속이 되어 인간은 성체가 되면 변화하기 어렵다고 했다. 제일 강력하게 이 이론을 만들었던 인물이 라몬 이 카할이다. 카할은 1906년 뉴런의 정의를 확립한 큰 공헌을 인정받아 노벨상을 받았다.

카할은 신경학의 아버지로 불릴 만큼 큰 권위를 갖고 있었다. 카할이 1913년 〈신경계의 퇴행성 변화 및 재생〉에서 '성인의 뇌에서 신경 경로는 완전히 고정되어 더는 변경할 수 없는 막다른 길이다.'라고 발표했다. 이것은 뇌 과학의 중심이 되었고 과학자들은 인간의 경험, 훈련, 학습으로 변화하지 않는다는 것에 합의를 했다.

또한 미국신경과학회의 전 회장이자 엘리트 과학자들의 단체로 유명한 '내셔널아카데미오브사이언스(NAS)'의 정회원인 래킥은 명문 예일대학교 의과대학 신경세포학과의 학과장을 오랫동안 지내어 지배력이 상당했다. 그는 1985년 〈영장류에 관한 신경생성의 한계〉라는 논문에서 불변의 이론에 동참했다. 라몬 이 카할과 래킥은 뇌 과학 발전에 많은 공헌을 했지만, 뇌 변화의 큰 가능성을 100년 가까이 막았다.

매일 근육을 단련하기 위해 열심히 운동했을 때, 근육이 생기지 않는다면 운동을 할 필요가 있을까? 또한 무언가를 학습하기 위해 열심히 공부하고 외웠는데 아무것도 기억나지 않는다면 공부할 필요가 있을까? 하지만 꾸준히 운동하면 근육이 생기고, 학습을 반복하면 기억으로 남는다. 과학은 실험으로 증명이 되어야 하고 논리적이어야 한다. 뇌는 아주 복잡한 기관이고 뇌 과학은 최근에 발전하여 이를 증명하지 못했다. 이 이론을 깨드리는데 100년의 시간이 걸렸다. 뇌 과학의 발전은 더디고 어려웠다. 인간의 뇌는 우주에서 가장 복잡한 기관일 뿐 아니라, 분석하기가 어려웠다. 또한 살아 있는 사람의 뇌는 분석하기가 더 어려웠다.

신경세포의 탄생

록펠러대학교의 페르난도 노테봄은 뇌가소성을 연구한 대표적인 과학자다. 1960년대부터 30년 동안 그는 성체 동물의 뇌에서도 신경세포가 탄생한다는 사실을 발견했지만, 주장을 믿는 사람은 거의 없었다. 카나리아는 번식기인 봄과 털갈이를 하는 여름에 노래를 부른다. 노테봄은 카나리아 뇌에서 노래를 관장하는 뇌 부위에 주목했다. 성체 카나리아의 뇌에서 매일 수천 개의 신경세포가 새로 생겨나는 것을 연구했다. 하지만 뇌 과학자들은 노테봄의 발견을 반기지 않았다.

중세시대 때는 지구가 우주의 중심이라고 생각했고, 태양 등 모든 별이 지구를 돈다고 생각했다. 코페르니쿠스와 갈릴레이 갈릴레오는 거기에 반기를 들었다가 목숨까지 잃을 뻔했다. 이후 천동설을 지동설로 바꾸는 데 수백 년의 시간이 걸렸다. 우리가 보고 듣는 것이 모두 맞다고 생각하는 편이지만 그렇지 않을 때가 많다. 우리가 느끼는 감각은 불완전하다는 사실이다. 그것을 인정할 때 변화하기가 쉽다.

노테봄의 연구도 지동설처럼 오래된 관념에 묻혔다. 당시 학계에서는 성체 영장류의 뇌에서는 신경 생성이 일어나지 않는다는 것이 주요 이론이었다. 노테봄이 기존 이론에 반기를 들었을 때 학계에서는 노테봄을 비난만 할 뿐 연구의 정당성을 확고하게 다질 생각은 하지 않았다.

1999년, 프린스턴 대학교의 엘리자베스 굴드는 붉은털원숭이를 이용해 실험을 진행했다. 성체 원숭이의 해마뿐만 아니라 언어와 판단 등 고도의 지적 능력을 관장하는 대뇌피질에서도 신경

생성이 일어나고 있음을 연구했다. 새로운 신경세포가 피질로 이동해서 성숙하며 신경회로에 편성된다는 사실을 보고했다. 성체 동물의 뇌에서 신경세포가 끊임없이 탄생하고 있음이 밝혀졌다.

인간의 뇌에서도 신경 생성이 일어날까? 성인의 뇌에서 신경세포가 발견된 내용은 감동적이다. 50대에서 70대에 걸친 환자의 뇌에서 신경세포가 새롭게 탄생했다. 에릭슨과 게이지는 '브러드(Brud)'라 불리는 표지를 써서 뇌세포를 염색하는 독창적인 방법을 통해 연구를 진행했다. 브러드는 뉴런이 생성될 때 뉴런에 흡수가 된다. 임종의 가까운 암 환자의 허락을 받아 표지를 주입했다. 임종한 후 뇌를 조사하자 기억을 담당하는 해마에서 신경세포가 생성됨을 발견했다. 뇌에서 다양한 신경세포로 성장할 수 있는 신경줄기 세포는, 하루에 500~1000개나 되는 신경세포를 새로 만들고 있었다.

이 역사적인 발견의 주인공은 바로 죽음을 앞둔 다섯 명의 암 환자였다. 죽음을 앞둔 말기 암 환자의 뇌에서 활발하게 신경세포의 생성이 이루어지고 있었다는 사실은 아주 중요하다. 성인의 뇌에서 신경 생성이 일어남을 증명한 첫 연구였다. 인간의 뇌신경세포는 성인이 되어서도 새로 생겨난다는 이론이 과학적으로 입증되는 순간이었다. 1998년 11월, 이 소식은 뇌과학계를 뿌리째 흔들어 놓았다. 20세기의 가장 중요한 연구 중 하나로 기억되었다.

뇌가소성이란?

두뇌의 세포는 뉴런이라고 하여, 체세포와 다른 특징이 있다. 정보를 명령하고 전달하는 중요한 역할을 한다. 정보를 받는 수상돌기와 전달하는 축삭돌기 두 가지가 있다. 그리고 뉴런과 뉴런을 연결하는 시냅스라는 구조가 있다.

뇌가소성은 무엇일까? 뇌가소성은 '사용하면 강화되고, 사용하지 않으면 약화된다'로 표현한다. 뉴런의 연결망인 시냅스의 숫자가 늘어나거나, 정보를 전달하는 축삭돌기가 강화되는 것을 말한다. 새로운 무언가를 배우고 느끼고 행동할 때 뇌의 구조와 기능이 발전하는 것이다. 공부하면 두뇌가 좋아지고, 공부하지 않으면 두뇌가 나빠진다. 운동하지 않으면 근육이 약화하는 것과 같다.

토론토 대학교 정신의학과 노먼 도이지는《기적을 부르는 뇌》에서 "필요가소성은 우리의 습관이 왜 없어지지 않고 쉽게 제어되지 못하는가를 설명해준다. 많은 사람이 뇌는 사물함처럼 무언가를 집어넣는 방식으로 배운다고 생각한다. 우리가 나쁜 습관을 강제로 없애려고 할수록 우리의 뇌는 좋은 습관을 위한 공간을 내주지 않는다. 이것이 바로 배우는 것보다 덜 배우는 것이 더 어려운 이유이며, 조기 교육이 더 중요한 이유이다. 나쁜 습관이 몸에 배기 전에 좋은 것을 먼저 습득하는 것이 더 경쟁적 이점을 주게 되는 것이다."라고 말했다.

캐나다 심리학자이자 맥길대학교의 도널드 헵 박사는 1949년 '행동의 조직'에서 뉴런들이 함께 활동할 때 참여하는 뉴런들 사이에 연결이 이루어진다고 했다. 즉 사용하면 강화되고, 사용하지 않으면 약화된다는 중요한 이론이었다.

열심히 하면 잘하게 되는 것이 있다. 처음 자전거를 탈 때는 중심을 잡기 힘들고 넘어진다. 어느 순간 중심이 잡히고 나중에는 손잡이에서 손을 떼기도 한다. 이것을 습관이라고도 표현한다. 한번 굳어진 연결망은 변화하기가 어렵다. 습관을 변경하려면 3,000번을 반복해야 한다는 속담도 있다. 하지만 우리의 뇌는 변화가 가능하다. 나이가 많아도 역동적으로 변화한다는 것이 밝혀졌다. 심지어 상상만 해도 실제 운동을 통해 근육이 움직이는 것과 같은 뇌의 작용이 있다.

운전면허가 있으면 차를 잘 몰아서 목표한 지점에 안전하게 도달할 수 있다. 뇌가소성 이론을 이해하면 뇌를 잘 운전해서 자신이 세운 목표까지 도달할 수 있다. 공부할 때 왜 해야 하는지 알지 못하면 목표에 도달하기가 어렵다. 이제 뇌가소성의 기술을 터득해보자.

인간의 뇌는 20대에 정점을 지나면 신경세포의 수가 줄어든다. 신경세포는 천억 개나 있기에 크게 문제가 안 된다고 주장하는 연구자도 있다. 그런데 신경세포만 줄어드는 것이 아니라, 신경세포를 연결하는 시냅스도 줄어든다. 크기도 줄어들고 인지기능도 떨어진다.

뇌가소성을 개발하지 않으면 30대나 40대부터 인지기능이 떨어지는 것을 체험한다. 특히 집중력, 계산력을 담당하는 전두엽과 기억을 담당하는 측두엽의 저하가 나타난다. 건망증이나 스트레스로 치부하는데 그것이 쌓이면 나이가 들어서는 되돌리기 어렵다.

마지드 포투히 박사는 좌뇌와 우뇌 사이에서 인간은 기억력, 집중력, 문제해결력에 '가소성'이 있다고 했다. 뇌가 계속해서 변화하여 위축될 수도 있고 성장하는 것도 가능하다는 것이다. 잘 관리하면 두뇌의 두께, 밀도, 크기가 증가할 수가 있다. 이러한 상태를 '뇌 기능의 강화'라고 했다. 즉 뇌가 성장하는 일이 가능할 뿐만 아니라 그 성장이 몇 년이나 몇십 년이 아닌 불과 몇 주나 몇 개월 만에 일어날 수 있다는 점이다.

비밀을 알려주는 책들이 인기가 많다. 10년 전 세계를 강타한 《시크릿》이 대표적이다. 비밀의 문을 열면 누구나 부자가 되고 원하는 것을 이룬다고 했다. 수백만 명이 책을 사서 보았으니 책의 효과가 있다면 세상의 큰 변화가 있을 것이다. 하지만 생각만큼 변화는 있지 않은 것 같다.

뇌가소성을 깨워라

뇌가소성은 세상에 없는 것을 말하는 것이 아니다. 이미 우리는 가지고 있다. 영화 쿵푸팬더에서 무림의 비결을 캐내기 위해 주인공은 수많은 어려움을 겪는다. 나중에 비결이 적힌 종이를 발견했는데 아무것도 적혀 있지 않았다. 주인공은 비결이 마음이라는 것을 깨달았다. 매트릭스에서 예언자는 주인공에게 너 자신임을 믿으라는 이야기를 한다. 자신을 믿는 것은 무엇일까. 왜 그렇게 어렵게 느껴질까? 뇌가소성은 연습과 습관이 필요하다. 어떨 때는 한 번의 경험이 평생을 가기도 한다. 뇌가소성은 왜 필요할까. 자신의 목표와도 연관이 있을 것이다. 우리는 뇌가소성으로 무엇을 할 수 있을까. 뇌가소성은 꿈을 이루게 한다.

닉 부이치치는 팔다리가 없이 다리에 물갈퀴 같은 것만 가지고 태어났다. 주위에서 부모에게 모두 포기하라고 했지만, 부모님은 포기하지 않았다. 현재 닉은 행복 전도사로 활동하고 있다. 그는 넘어지면 잘 일어나지 못한다. 하지만 포기하지 않고 끝까지 해낸다.

운전을 처음 할 때를 생각해보면 긴장을 많이 한 나머지 주변의 차들이 다 위협적으로 느껴지기도 한다. 그러다가 익숙해지면 아주 편하게 운전을 한다. 시냅스 연결망이 강화된 것이다. 이제 100세 시대를 위해 시냅스 연결망 강화에 익숙한 사람이 되자.

고지식한 사람처럼 이 길만 옳다고 해서는 안 된다. 융통성을 가지고 자신의 길을 우직하게 가는 것이 필요하다.

뇌가소성은 서로 연결되어 있다. 리듬처럼 연결되어 있어서 서로 끌어당기듯 한다. 몸은 마치 자석과도 같다. 나와 비슷한 회로와 연결되어 있는 것이다. 내 머리에 긍정의 뇌가소성이 있으면 그것이 연결된다. 만약 칼이라는 개념이 뇌에 없으면 위험한 줄 모른다. 두려움의 시냅스가 없기 때문에 두려워하거나 분노할 일도 없는 것이다. 어떤 사람의 태도가 못마땅한 일이 있을 것이다. 부정적인 감정이 드는 것은 부정의 시냅스가 서로 연결되어 있기 때문이다. 이런 감정에서 벗어나기 위해서는 긍정적인 시냅스를 형성해야 한다.

두 마리의 늑대가 싸우고 있다고 생각해보자. 누가 이길까? 평소에 먹이를 많이 먹고 덩치가 큰 늑대가 이길 확률이 크다. 뇌 시냅스도 마찬가지로 영양분을 받은 시냅스가 강화된다. 사용하면 강화되고 사용하지 않으면 약화된다.

스포츠 선수들이 경기 도중 소리를 크게 지르면 뇌가 자극을 받아 아드레날린이라는 호르몬이 분비된다. '샤우팅 효과'는 실험에서도 증명되었다. 운동뿐만 아니라 일이나 공부를 할 때에도 샤우팅으로 아드레날린을 활성화하는 것은 효과가 있다. 배에 힘을 주고 배 속에서 쥐어짜듯이 소리를 크게 질러야 한다. 신체 기능과 근력을 일시적으로 높여준다. 뇌는 집중력과 판단력을 향상시킨다.

동물원에서 자신의 아이가 곰 우리에 들어가자 엄마가 쇠창살을 맨손으로 벌리고 아이를 꺼낸 이야기가 신문에 나온 적이 있다. 소위 말하는 '초인적인 힘'인데 이 힘의 원천이 바로 아드레날린 호르몬이다. '화이팅!'이라고 외치는 것만으로도 뇌가소성에 도움이 된다.

뇌가소성
전문가가 되자

뇌는 약하다

손으로 머리를 만져보라. 뇌는 느낄 수 없고 제일 바깥쪽에 있는 두개골을 만질 수 있다. 두개골이 단단하기 때문에 뇌는 아주 튼튼하다고 생각한다. 이러한 착오 속에서 뇌는 기계처럼 문제가 생기지 않고, 크게 관리를 하지 않아도 된다고 여긴다. 그러나 뇌는 아주 세심한 관리와 보호가 필요하다.

뇌는 푸딩이나 두부처럼 아주 약한 물질로 구성되어 있다. 뇌는 중요한 구조이기에 진화하면서 여러 가지 보호책을 마련했다. 머리 바깥쪽에 두개골이라는 단단한 뼈로 뇌를 보호한다. 두개골

안에 제일 바깥쪽에 경막이라는 막이 있다. 경막 아래에 지주막이라는 거미막처럼 생긴 두 번째 막이 있다. 거미줄처럼 단단하고 질기다.

지주막 아래에 유막이라는 세 번째 막이 뇌를 또 보호한다. 유막은 뇌와 척수 표면을 매우 얇은 막으로 덮고 있다. 두개골과 3층의 막으로 부족했는지 뇌는 다시 중요한 보호막을 설치한다. 지주막과 유막 사이에 지주막하강이라는 공간이 있다. 뇌척수액이라는 액체를 통해 바깥으로의 충격을 보호해주는 중요한 역할을 한다. 두부를 보관할 때 물속에 담가 두는 것과 비슷하다. 물속에 있으면 부력으로 인해 무게를 훨씬 가볍게 할 수 있다. 뇌척수액은 125ml 정도가 뇌 속에서 작용한다.

뇌척수액의 부력으로 인해 뇌는 물속에 떠 있는 것 같다. 부력으로 인해 뇌가 느끼는 무게는 50g 정도로 매우 가볍다. 뇌는 외부의 자극에서 충격을 받지 않기 위하여 두개골과 3층 막 그리고 뇌척수액 등 여러 가지 보호막을 하고 있다. 우리는 뇌가 이렇게 약하다는 사실을 모른 채 생활하고 있다. 외부적인 자극은 물리적인 것만을 의미하지는 않다.

다양한 감각 자극인 시각, 청각, 후각, 미각, 촉각 등이 뇌에 영향을 미친다. 쉽게 말하면 말 한마디도 뇌에 심각한 영향을 미칠 수 있다. 상대방의 말 한마디로 온종일 화가 나고 기분이 좋지 않은 경험이 있을 것이다. 뇌가 이렇게 쉽게 영향을 받는 곳임을 아는 것은 아주 중요한 사항이다. 이제 뇌를 잘 보호하고 자신의 꿈을 위해 어떻게 활용하는지 알아보자.

뇌는 부정적이다

뇌는 기본적으로 긍정적일까? 부정적일까? 강의 중에 물음을 던지면 10명 중 7~8명은 긍정적이라고 이야기한다. 왜 그럴 것 같은지 다시 물어보면 이유는 딱히 없다. 뇌가 좋은 쪽으로 작용할 것이라는 막연함이 있는 것이다. 하지만 뇌는 기본적으로 부정적이다. 왜 그럴까? 뇌의 진화는 생존과 관련이 있다.

인류는 오랜 시간 동안 공룡과 맹수들 속에서 생존하기 위해 노력해왔다. 산림이 우거진 숲이나 드넓은 초원에서 갑자기 공격을 받아 목숨을 잃을지도 몰랐기에 주위를 살피고 긴장을 늦추면 안 되었다. 수천 번을 잘 피했어도 단 한 번의 실수만 해도 목숨을 유지하기 어려운 환경이었다. 현재 인류의 뇌는 수십만 년, 수백만 년 동안 생존을 최우선으로 진화했다. 지금은 맹수에게 갑자기 공격당할 위험이 없어졌지만, 인류의 진화 시기로 보았을 때는 아주 작은 시간에 해당한다.

지금도 컴컴한 밤에 뭔가 움직이는 게 느껴진다거나, 산속에서 나뭇잎이 흔들거릴 때 놀람과 두려움이 먼저 일어난다. 사람을 처음 만나면 경계와 조심스러움도 생존 모드가 먼저 작동하기 때문이다. 뇌의 기본적인 성향을 '부정적 편향성'이라고 부른다.

현대 사회는 남들보다 적극적이고 실패를 통해 교훈을 얻고 다시 도전을 요구한다. 바로 이 점이 뇌가소성이 필요한 이유이다. 뇌는 변하는 성질이 있기 때문에 부정적 편향성을 긍정적으로 변화시켜야 한다. 긍정적으로 변화시킨 사람은 현대 사회가 요구하는 자질을 갖추었다고 할 수 있다.

아프다고 송곳으로 머리를 찌른다면?

몸이 아프다고 송곳으로 머리를 찌른다면 어떻게 될까? 전두엽 절개술이란 수술이 실제 시행되었다. 2차 세계대전 후에 심각한 행동 질환을 치료할 목적으로 시행된 뇌파괴 수술이다. 망치를 사용해 12cm 쇠막대를 뇌의 가장 윗부분의 얇은 뼈를 관통시킨다. 그리고 신경다발을 파괴하기 위하여 칼 손잡이를 좌우로 흔든다.

전두엽 절개술은 2차 세계대전 이후에 자주 시행되었다. 1949년 에가스 모니스는 전두엽 절개술을 개발한 공로로 노벨의학상을 받았다. 수천 명의 사람들이 전두엽 절개술을 받았고, 간단한 수술이어서 '얼음송곳 정신외과술'이라고 불리었다. 이후 전두엽 절개술은 빠르게 줄어들었고 약물 치료로 대체되었다.

인간의 뇌 중 가장 우수하다고 보는 대뇌피질은 4개 부분으로 나뉘는데 앞쪽에 전두엽이 있다. 전두엽은 운동 피질, 전운동피질, 보조운동피질을 제외하고 앞쪽을 전전두엽이라 부른다. 전두엽은 사고, 계획, 운동의 최고 중추이며 정서를 통제하고 관리한다.

1940년대 미국 철도청의 간부인 피네아스 게이지는 근면성실하고 친절했다. 그런데 철도 공사 중 사고로 길이 1m, 지름 3cm의 쇠파이프 봉이 왼쪽 눈 아래를 뚫고 오른쪽 눈 위로 나왔다. 큰 사고였기에 사람들은 게이지가 죽을 것으로 알았지만 다행히 게이지는 왼쪽 눈만 실명한 채로 다시 회사에 복귀할 수 있었다. 그런데 예상하지 못한 문제가 그를 괴롭혔다. 사소한 일에도 자주 화를 냈고, 감정기복도 심했다. 결국 회사는 그를 해고했고, 가정생활도 제대로 하지 못했다. 이후 거리를 전전하다가 죽은 채로 발견되었다. 게이지를 수술한 의사가 그의 시체를 해부했더니 전전두엽이 크게 손상된 것이었다. 의사는 전전두엽이 이성적인 관리, 정서적 기능을 담당하는 곳임을 알게 되었다. 이 사건으로 전전두엽의 기능의 중요성이 세상에 알려졌다.

뇌에는 정보를 전달하는 역할을 하는 축삭돌기가 있다. 이 축삭돌기에 지방질의 전열 물질인 미엘린이라는 물질로 싸여 있을 때 정보 전달이 가속화되고 머리가 똑똑해진다. 전기가 흐를 때 비닐의 피복을 감싸주어 전류가 새는 것을 방지하는 것과 비슷하다. 운동과 감각을 담당하는 부위의 뇌는 1세 전까지 수초화가 이루어진다. 인간의 대뇌 피질은 15세까지 대부분 수초화가 이루어진다. 그러나 고도의 사고를 담당하는 전전두엽은 20세 후반에서 30세 초반이 되어야 수초화가 이루어진다. 고등학교를 졸업하면 다 컸다고 하는데 뇌 과학으로 보면 아직 진화의 과정에 있는 것이다.

청소년기의 질풍노도를 거치고 20대의 시행착오를 넘어서서 30대가 돼야 고도의 인지를 담당하는 전전두엽의 수초화가 완료된다. 그전까지는 배려와 함께 지혜를 배울 수 있도록 도와주어야 한다. 나이가 들면 뇌세포가 줄어든다. 뇌는 어떻게 관리하느냐에 따라 큰 차이가 있다. 70대가 되었는데도 20대의 열정을 가지고 있고, 20대이지만 의욕과 열정이 없어 세상을 다 산 것 같기도 하다. 이런 차이는 어디에서 일어나는 것일까?

거울 속의 나를 아버지라 부른다

송곳으로 머리를 찌르고 흔들 만큼 뇌에 대해서 무지했다. 어떤 생각이 드는가? 뇌에 대해서 공부할 필요를 느낄 것이다. 전두엽 절개술보다 오랫동안 뇌를 제거한 수술이 또 있었다. 머리 옆쪽을 도려내어 제거하는 방법이었다. 간질 발작이 심한 환자에게 측두엽 부위를 제거하는 수술이다. 중세시대 때부터 오랫동안 시행되었다.

헨리 몰레이슨은 H. M 환자라고 불린다. 그는 측두엽을 제거함으로써 불행한 삶을 살았지만, 인류에게 해마의 중요성을 일깨워준 사람이다. 그는 10대 때 자전거 사고를 당한 후에 간질 발작이 나타났다. 그 후 20대 중반이 지나면서 그 증상은 더욱 심해졌다. 의사는 간질의 원인이 측두엽에 있다고 생각하고 제거하는 수술을 했다. 수술은 성공적으로 진행되어 간질 발작이 많이 줄었다. 하지만 예기치 못한 증상이 나타나기 시작했다.

10분 전에 있었던 일에 대한 기억을 모두 잊어버린 것이다. 잠깐만 생각을 놓치면 바로 전을 기억하지 못했다. 어렸을 적 일은 비교적 상세하게 기억하는데 새로운 일을 기억하지 못하는 것이다. 뇌 과학에서 이러한 기억을 '일화기억'이라고 말한다. 헨리의 수술을 통해 해마가 일화기억을 담당하는 것을 알게 되었다. 일화기억을 단기기억이라고 한다. 해마는 단기기억을 장기기억으로 연결해주는 매개체 역할이다.

27살 수술 후로 헨리는 새로운 일을 전혀 기억하지 못했다. 매일 아침 담당 의사 선생님에게 새롭게 인사를 했다. 또한 친척이 돌아가셨다는 소식을 들으면 매번 매우 슬퍼했다. 나이가 들어서 거울을 보면서 자신의 모습이 아니라 아버지가 거울 속에 있다고 했다. 그러나 절차기억은 남아 있어서 악기를 배우면 매번 처음이라고 이야기했지만 능숙하게 다루었다. 또한 병원에서 길을 찾아갈 때 처음 보는 길이라고 했지만, 점점 찾아가는 속도가 빨라졌다. 헨리는 인류에 해마의 기능에 대한 다양한 연구 자료를 남기고 세상을 떠났다. 현재 헨리의 뇌는 미국 메트로폴리탄 박물관에 전시되어 있다.

영화로도 해마의 기능이 상실한 주인공이 등장한 스토리가 있다. 〈메멘토〉는 아내가 살해당한 후, 10분밖에 기억을 못 하는 단기기억상실증에 걸린 남자의 이야기이다. 또한 〈첫 키스만 50번째〉이라는 영화도 교통사고로 단기 기억상실증에 걸린 주인공의 이야기다. 여행객을 상대로 화끈한 하룻밤을 즐기는 노련한 작업남인 헨리는 매일 아침 그를 파렴치한 취급하며 기억조차 못하는 루시에 당황한다. 매일 자신과의 첫 만남인 루시의 마음을 사로잡기 위해 헨리는 기상천외한 작업을 시도하며 매일 첫 데이트를 만들어가는 로맨틱 코미디 영화이다.

인간을 만물의 영장으로 만들었던 신피질의 중요함을 몰랐기 때문에 벌어진 무지함에 놀라게 된다. 그만큼 뇌는 복잡하고 다양한 기능으로 인간을 관리하고 있다. 뇌를 공부해야 하는 이유이다.

2장

뇌가소성을 배우자

Brain Plasticity

뇌가소성
마술 램프를 열자

왜 뇌가소성을 사용해야 하는가?

뇌가소성을 이야기하면 뜬구름 잡는 느낌이 들 수 있다. 용어가 생소하고 접해보지 못했기 때문이다. 왜 뇌가소성을 사용해야 할까? 뇌는 의지에 따라 발전하거나 퇴보한다. 지금은 창의성의 시대라고 한다. 창의성은 어디에서 나올까? 바로 뇌에서 나온다.

뇌의 기능이 제대로 발휘되지 못하는데 창의성이 나올까? '곳간에서 인심 난다.'라는 말이 있다. 내가 배가 불러야 누구도 도와줄 수 있다는 말이다. 뇌도 마찬가지다. 뇌의 기본 욕구는 먹고, 마시고, 자는 것이다. 그렇게 구조화되었다. 이제까지 기본 욕구를 충족하기 어려운 시대였다. 그러나 뇌는 수백만 년 동안 생존 욕구를 충족하라고 습관화되었다.

전기를 예로 들어보자. 여름이 되면 전기가 부족하다. 비상사태가 되면 에어컨 등의 사용량을 줄이게 한다. 공장 등 필수적으로 전기를 사용하는 곳에서 먼저 활용하게 해야 한다. 뇌도 기본적인 사용량을 채우고도 에너지가 있어야 한다.

나이가 들면 점점 뇌와 신체 곳곳에 무리가 오고 문제가 생긴다. 빠르게 수리해주고 관리해주면 문제가 없지만, 경쟁 사회 속에서 자신을 돌아볼 여유가 없는 경우가 많다. 뇌와 신체는 연결되어 있다. 신체 곳곳이 문제가 있으면 뇌는 성능을 발휘할 수 없다.

뇌와 신체를 잘 관리해주면 두뇌는 놀라운 잠재력을 발휘한다. 뇌와 신체를 얼마만큼 잘 관리해주느냐의 문제이다. 뇌를 성장시켜 가소성의 능력을 기르기 위한 두뇌 훈련에는 빠르거나 늦다는 기준이 없다. 나이에 따른 뇌의 발달이 차이가 있지만 건강하게 성장시키기 위해서는 평생 지속적인 노력이 필요하다. 뇌의 각 영역은 바른 습관과 실천을 통해 기능을 성장시킬 수 있기에 어떻게 집중하느냐에 따라 결과는 차이가 난다.

관리하지 않으면 어떻게 될까? 두뇌의 기능은 떨어질 수밖에 없다. 뇌의 기능을 건강하게 하지 못하고, 안 좋은 습관을 실천한다면 뇌의 기능은 점점 떨어질 것이다. 나이가 들수록 뇌의 기능이 떨어지는 것을 보고만 있을 것인가? 아니면 뇌의 기능을 발전시키기 위해 노력할 것인가? 개인의 선택과 실천에 달려 있다.

나는 어렸을 적 머리가 좋다는 말을 들어본 적이 없다. 누나와 형은 공부를 곧잘 했다. 생각해 보면 공부에 관심도 없고 어떻게 해야 하는지 몰랐다. 칠판을 보기만 했지 머리로 소화하질 못했다. 조용히 선생님에게 집중하는 것 같으니 착실하다는 말은 들었다. 그러나 성적은 중하위권을 맴돌았다. 아마 나 같은 학생들이 많을 것이다. 대학을 가기 위해 고3부터 공부했으나 성적이 아주 낮았다. 서울로 가야 취직이 잘 된다고 하여 삼수 끝에 대학을 갔다.

이때 나의 뇌를 fMRI로 찍어 보았으면 시각을 담당하는 후두엽만 활성화가 되었을 것이다. 학습은 인지, 사고를 담당하는 전두엽과 청각, 언어, 기억을 담당하는 측두엽, 그리고 공간 및 이해력을 담당하는 두정엽이 함께 작동해야 한다. 머리는 타고나는 것으로 변하지 않는 것으로 보통 생각한다. 누구 아들은 머리가 좋아서 공부를 잘한 것이야. 나는 머리가 안 좋아 공부할 머리가 아니야 이야기한다. 이것은 맞는 말일까. 반은 맞고 반은 틀리다.

타고난 유전자는 얼마만큼 똑똑함에 영향을 미칠까? 2012년 초반, 영국 에딘버러대학교의 연구진은 유전자가 지능에 미치는 영향을 조사했는데 24%밖에 영향을 주지 않았다. 1940명의 아동기와 노년기의 DNA와 IQ를 검사하여 비교한 결과 물려받은 유전자보다 내가 어떻게 살아왔는가를 보는 환경이 지능에 큰 영향을 미쳤다. 이제 머리가 안 좋다는 핑계는 대지 말아야 한다.

뇌가소성은 얼마나 걸릴까?

신경과학계가 최근에 밝혀낸 놀라운 사실이 바로 뇌가소성이다. 기억력, 집중력, 사고력은 노력하면 발전시킬 수 있다. 몇 가지 노력만 하면 누구나 가능하다. 뇌가소성을 일으키려면 얼마나 걸릴까? 어떻게 해야 뇌가 성장할까? 얼마나 자주, 어느 정도 시간을 투자해야 할까? 그것이 신경과학의 중요한 과제이다.

널리 알려진 연구로 맥과이어 연구팀의 해마 연구가 있다. 오래 운전하면 할수록 해마의 크기가 증대했다. 해마는 기억의 중요한 부분이다. 가장 먼저 노화가 일어나는 부분이며 스트레스에 민감하다. 해마를 관리하면 해마가 성장하고 단기 기억력이 발전한다. 전두엽을 관리하면 인지, 사고, 계획, 실행력이 향상된다. 해마의 크기가 큰 사람은 알츠하이머 증상을 보일 가능성이 적다는 연구가 있다.

이 연구에 의하면 뇌가소성은 빠르게 일어난다. 몇 년씩 걸리는 것이 아니라 몇 주나 몇 개월에도 일어난다고 한다. 심지어는 2시간에도 변화가 일어나는 것이 MRI 연구로 증명되었다. 우리가 마음먹는 순간 뇌가소성은 바로 일어난다. 다만 형태로 보이는데 시간이 좀 걸릴 것이다.

캐나다 레트브리지대학교의 세계적인 신경과학 교수인 브라이언 콜브는 "신경가소성으로 인한 어떤 변화는 겨우 천분의 1초 내에 일어난다. 하지만 그 자체만으로 지속적인 변화가 이루어질 가능성은 없다. 가소성으로 인한 변화가 제대로 나타나려면 몇 년이 걸릴 수도 있다."라고 이야기했다.

'마인드체인지'에서 수전 그린필드는 브라이언 콜브의 연구를 요약하면서 "뇌에 변화를 일으키는 것은 무엇이든지, 당신의 미래도 바꾼다. 당신의 뇌는 유전자만의 산물이 아니다. 평생에 걸쳐 쌓이는 경험을 통해 조각되는 것이기도 하다. 경험은 뇌 활성을 바꾸며, 그 변화는 유전자 발현 양상을 바꾼다. 눈에 보이는 행동 변화는 모두 뇌에 일어난 변화의 반영이다. 반대로 행동은 뇌를 바꿀 수 있다."라고 말했다.

뇌 영상을 통해 뇌가소성이 어느 정도 발휘하고 있는지 확인할 수 있으면 좋을 것이다. 멀지 않은 미래에 영상기기가 지금보다 발달하면 작은 변화도 측정할 수 있을 것이다.

하버드 의과대학 제프 브라운 교수는 뇌가소성 변화에 대해 "아주 작은 물리적 변화라도 사고와 행동에 상당한 변화를 가져올 수 있다. 실제로 성인기에 일어나는 신경가소성으로 인한 대부분의 변화는 검사를 할지라도 스캔상에 미미하게 나타나거나 나타나지 않을 수도 있다. 그 이유는 그 변화가 뇌 전체에 분산되어 측정하기가 어렵기 때문이다. 수백만 개의 새로운 신경 연결이 여러 뇌 부위에 걸쳐 형성될 경우에는 해상도가 아주 높은 MRI 스캔이라 할지라도 아직까지는 탐지하기가 어렵다."라고 말했다.

뇌가소성이 빠르게 일어나면 좋을 것인가? 그렇지 않다. 우리가 나쁜 결심을 하거나, 생존을 위협하는 상상을 한다면 어떨까? 한 번의 뇌가소성으로도 생명을 잃을 것이다. 그렇기에 뇌가소성이 모든 면에서 쉽게 일어난다면 생명을 보호할 수 없다. 뇌가소성이 바로 일어나지 않음에 감사해야 한다. 그렇기에 중요한 사항은 반복으로 습관화해야 한다.

머처닉의 쥐 연구를 보면 가소성이 어떨 때 일어나는지 알 수 있다. 쥐에 손의 자극을 주면서 소리를 들려주었다. 그리고 소리에 신경 쓰지 않을 때 보상을 해주었다. 다른 쥐도 비슷한 환경인데 소리에 집중할 때 보상을 해주었다. 손의 보상에 집중할 때 보상한 쥐는 손과 연결된 부분에 피질이 성장했다. 소리에 집중할 때 보상을 준 쥐의 손의 피질은 그대로였다. 마음 없이 형식적으로 하면 성장이 없다. 마음으로 집중할 때 성장이 있다.

뇌는 어떻게 관리하고 개발하느냐가 중요하다. 건강뿐만 아니라 원하는 목표를 향해 집중할 수 있다. 물론 원한다고 다 이루어지는 것은 아니다. 뇌가 성장하는 데 한계가 있다. 몸의 근육을 단련하는 것과 비슷하다. 근육의 크기가 커지고 난 후에도 힘이 강화된다. 뇌도 점점 효율적으로 된다.

뇌가소성의 핵심은 신경세포의 숫자를 늘리고 시냅스의 연결망을 강화하는 것이다. 게이지 박사와 그의 동료들은 1997년에 획기적인 연구 결과를 발표함으로써 학계의 불신을 종식하는 데 성공했다. 연구진은 상호작용, 장난감, 쳇바퀴 등 자극제가 풍부한 환경에서 기른 생쥐의 해마 신경세포가 텅 빈 우리에 가둬 둔 생쥐에 비해 많이 증가했음을 밝혀냈다.

사실 실험군과 대조군의 생쥐 모두 새로운 신경세포가 생성되었지만, 자극제가 제공된 환경은 생성된 신경세포를 유지하고 성숙시키는 데 도움을 주었다. 실험군 생쥐의 경우, 새로 생성된 신경세포 가운데 90%가 살아남았다. 일반적인 신경세포의 생존율이 50%에 불과하다는 점을 고려할 때 놀라운 수치다. 그중에서도 가장 흥미로운 연구 결과는 생활방식만 조금만 바꾸어도 불과 몇 달 만에 피질과 해마의 크기가 눈에 띌 정도로 커진다는 것이다.

2012년에는 뇌의 변화가 우리가 생각하는 것보다 훨씬 빨리 일어나기도 한다는 연구 결과가 두드러졌다. 어떤 경우에는 불과

2시간 만에 변화 양상이 뚜렷해지고 그 상당 부분을 MRI로 관찰할 수 있다는 것이다. 저글링을 하거나 골프를 칠 줄 아는 사람의 뇌를 살펴보면 손동작과 안구의 협응에 관여하는 소뇌, 후두정피질, 전두엽 등이 그러지 않은 사람에 비해 활성화되고 그 크기도 더 큰 것을 알 수 있다. 그 원인 가운데 하나가 시냅스 신생이다. 발레리나나 농구선수, 수학자, 바이올리니스트, 택시기사, 그리고 새로운 기술을 연습하거나 배우는 사람의 뇌에서도 비슷한 양상을 관찰할 수 있다.

뇌가소성이 왜 안 일어나지?

뇌가소성의 다양한 연구가 진행되고 있다. 뇌가소성을 제대로 안다면 금방이라도 나를 변화시킬 수 있을 것 같다. 하지만 아쉽게도 이런 일은 일어나지 않는다.

2011년 한국의 한 연구팀은 양궁 선수를 연구했다. 10년 이상의 전문 양궁 선수 20명이 참가해 올바른 활쏘기 자세를 보여주는 영상을 보았다. 선수들의 뇌에서는 운동을 담당하는 영역이 활성화되었다. 대조군 20명은 양궁의 경험이 없는 사람으로 구성되었다. 대조군은 영상을 보았으나 운동 영역이 활성화되지 않았다.

왜 활성화가 안 되었을까? 첫 번째 양궁 선수는 양궁 경험을 통해 뇌에는 활을 쏘는 세밀한 경로에 대한 구조가 연결되어 있다.

구조가 연결되어 있기에 영상을 시청함으로써 경로가 강화된 것이다. 두 번째 대조군은 뇌에 경로가 없기 때문에 영상을 봐도 뇌가 반응을 못 한 것이다. 아주 중요한 내용이다. 내가 무언가를 하기 위해서는 준비가 되어야 한다.

쉬운 예를 들어보겠다. 눈을 감고 귤을 떠올려보라. 귤을 까서 한 조각을 입에 넣어보자. 살며시 깨물어보자. 입에서 침이 고인다. 진짜 귤을 먹지 않았는데 입에서 침이 고인다. 바로 뇌에 회로가 있기 때문이다. 귤을 먹어보지 못했다면 침이 나오지 않는다. 이게 뇌가소성 원리이다.

내가 원하기만 한다고 되는 기적은 없다. 복권에 당첨되기를 바라지만 복권을 사지도 않고 당첨이 될 수는 없는 것과 마찬가지다. 독실한 종교인인 마부에 대한 일화가 있다. 마차를 몰고 가는데 바퀴가 진흙탕 구덩이에 빠지고 말았다. 마부는 독실한 종교인이기에 그 자리에서 무릎을 꿇고 간절히 기도했다.

'오~ 신이시여, 바퀴를 구덩이에서 제발 빼주십시오.'

마부는 몇 시간째 쉼 없이 간절히 기도를 했다. 하늘에서 이 광경을 보던 천사가 답답하여 땅으로 내려왔다. 마부의 뒤통수를 손바닥으로 때리면서 "밀면서 기도해라."하는 것이다. 뇌가소성에 대한 원리를 알고 있어야 한다.

우물에서 펌프질할 때 마중물이 필요한 것과 비슷하다. 마중물은 펌프질할 때 물을 끌어올리기 위하여 위에서 붓는 물이다. 깊은 샘에서 펌프로 물을 퍼 올리려면 한 바가지쯤의 마중물이 필요하다. 마찬가지로 뇌가소성이 일어나려면 마중물이 필요하다.

하늘은 스스로 돕는 자를 돕는다고 한다. 스스로 최선을 다하지 않고 좋은 결과를 기대하기 어렵다. 세상에 요행은 없다. 뇌가소성은 지도 역할을 한다. 누군가 보물섬의 위치를 알려준다고 해도 보물섬을 찾아가지 않는다면 몇십 년이 지나도 손안에 아무것도 없을 것이다.

뇌가소성을 만들기 위해 마중물이 필요하다. 손흥민 선수는 더운 여름날에도 천 번씩 슛 연습을 했다고 한다. 국립발레단 단장 겸 예술감독으로 활동하는 강수진의 발이 언론에 소개되었다. 그녀는 독일 슈투트가르트 발레단에 아시아인 중 최초로 입단하여 수석 무용수 자격을 획득하고 아시아 최초의 종신 단원으로 은퇴했다. 그녀의 발가락 마디는 혹독한 연습과 노력으로 기형적으로 돌출되어 발 모양이 흉하기까지 하다. 뇌가소성을 위한 마음가짐과 노력을 알 수 있게 해준다.

우리는 이미 뇌가소성의 전문가이다. 목이 마르면 물을 마시고, 배가 고프면 밥을 먹을 수 있다. 단순한 가소성은 뇌 회로가 만들어져 있다. 이제 좀 더 차원 높은 뇌가소성을 만들자. 뇌가소성은 꿈을 이루게 해주는 원리이자 법칙이다. 꿈을 꾼다면 이룰 수 있다는 신념으로 행동하면 된다.

뇌가소성 경로를 만들자

저명한 신경과학자인 하버드 의대의 파스쿠알 레오네는 뇌의 활동이 끊임없이 찰흙을 주무른 것과 같다고 말했다. 뇌를 겨울의 눈 쌓인 언덕으로 비유했는데, 언덕에는 하얀 눈이 쌓여 있다. 누구의 발길이나 흔적도 없다. 언덕을 썰매를 타고 내려가면 흔적이 생긴다. 이제 뇌에 가소성의 길이 생기는 것이다. 두 번째 내려올 때는 다른 길보다 처음 흔적을 타고 내려올 가능성이 크다. 내려올수록 흔적이 더욱 강력해진다. 경로는 '정말 빠르게' 썰매를 언덕 아래로 유도한다. 뇌가소성도 이와 같다. 생각, 행동, 경험을 반복할수록 강화된다.

뇌가소성의 경로는 시간이 갈수록 커지고 바로 만들어지기도 한다. 학습에 관련된 뇌가소성은 얼마나 걸릴까? 파스쿠알 레오네는 점자 읽기를 학습하는 맹인 피실험자들의 뇌 지도를 통해 새로운 기능을 어떻게 학습하는지를 알려주었다.

TMS(Transcranial Magnetic Stimulation)라 불리는 경두개 자기자극법은 뇌 안에 자기장을 방출하는 방법이다. 파스쿠알 레오네는 TMS를 통해 뇌 지도가 어느 기간에 활성화되는지를 연구했다. 맹인의 점자를 읽는 검지는 점자를 읽지 않는 검지보다 활성화된다. 학습은 월요일부터 금요일까지 진행되었다. 금요일에는 맹인들의 뇌 지도가 활성화되다가 휴식을 취한 월요일에는 뇌 지도가 원래대로 돌아갔다.

뇌가소성은 단지 며칠만 가능한 걸까? 6개월이 지나면서 월요일에 뇌 지도가 금요일처럼 성장한 채로 남아 있었다. 10개월까지는 점점 성장했다. 심지어 10개월 후에 2개월간의 휴식 기간이 있었는데, 2개월 후에 뇌 지도를 그려보니 휴식 전의 활성화와 같았다. 어느 기간 이상이 되면 뇌가소성이 완전히 자리를 잡는 것을 알게 되었다.

노먼 도이지는 기적을 부르는 뇌에서 이솝우화 '토끼와 거북이'로 가소성을 설명했다. 가소성을 일으키기 위해서는 거북이가 되어야 한다. 토끼와 거북이 효과를 이해하면, 새로운 기술을 진정으로 숙달하기 위해서 무엇을 해야 하는지를 이해할 수 있다. 우리가 시험 때문에 벼락치기를 할 때처럼, 짧은 기간을 연습해서 실력을 향상하는 것은 비교적 쉬운 일이다. 왜냐하면 이 경우에 우리는 이미 존재하는 시냅스 연결을 강화하는 것이기 때문이다. 하지만 우리는 단기간 내에 기억하려고 하는 것은 금세 잊어버린다. 쉽게 얻고 잃는 뉴런 연결이라 빠른 속도로 원래대로 돌아가는 것이다. 영구적인 것을 원한다면 꾸준하게 하는 것이 시냅스 연결에 필요한 일이다.

우리나라 속담에 '사람은 서울로 보내고, 말은 제주도로 보내야 한다.'라는 말이 있다. 왜 그럴까? 서울에는 볼 것도 많고 배울 기회도 많기 때문이다. 지금은 교통의 발달로 좋은 환경을 갖춘 도시가 많아졌다. 비슷한 고사성어로 맹모삼천지교(孟母三遷之教)가 있다. 맹자의 어머니가 맹자의 교육을 위해 세 번이나 이사했다는 뜻으로 교육을 위해 환경이 중요하다는 이야기다.

이미 선조들은 뇌가소성을 알고 있었을까? '사람을 알고 싶으면 친구를 보라. 부자가 되고 싶으면 부자를 만나라.' 이런 이야기도 들어보았을 것이다. 이것이 사실일까?

1990년대 이탈리아의 신경과학자 리졸라티 박사는 바나나를 먹는 모습을 원숭이에게 보여주었을 때, 원숭이 뇌 안에서는 실제로 바나나를 먹을 때 사용하는 뉴런이 움직이는 것을 발견했다. 상대의 행동을 따라 하는 뇌 회로가 있음이 확인되었고, 이를 '거울뉴런'이라고 부른다.

예일대학교 신경과 의사인 엘리에저 스턴버그는 뇌가 지어낸 모든 세계에서 거울신경에 대해 "신경과학자들은 인간의 뇌에도 거울신경이 존재한다는 사실을 발견했다. 신체를 직접 움직일 때와 그 움직임을 상상할 때 쓰는 뇌 영역이 똑같듯이 움직임을 관찰할 때에도 똑같은 뇌세포를 사용한다. 예를 들어 다른 사람의 손가락 움직임을 볼 경우 내가 직접 손가락을 움직일 때 사용하는 것과 똑같은 뇌 영역이 활성화된다."라고 말했다.

움직일 때와 상상할 때가 같은 뇌가 작동한다는 것이다. 거울뉴런은 뇌가소성을 일으키는 중요한 요소이다. 사람은 서울로 보내고, 말은 제주도로 보내라고 속담이 뇌 과학으로 증명되었다.

뇌가소성은 우리의 가능성을 키워주기도 하지만, 반대의 경우도 가능하다. 우리는 좋은 습관은 만들기 어렵고, 나쁜 습관은 쉽게 생긴다고 말한다. 좋은 습관을 강화하고, 나쁜 습관은 차단할 수 없을까? 그렇다면 참 좋을 것이다.

노먼 도이지는 뇌가소성에는 더 유연하지만 동시에 더 경직된 행동을 만들어내는 힘을 '가소성 역설'이라고 부르는 현상이 있다고 했다. 사람이 가장 고집스러운 습관과 장애들 가운데 일부는 가소성의 산물이다. 뇌 안에서 한 번 일어나 자리를 잡기 시작한 특정한 가소적 변화는 다른 변화가 일어나는 것을 막아버릴 수 있다. 인간의 가능성이 어느 정도인지를 진정하려면, 가소성의 긍정적 효과와 부정적 효과 모두를 이해해야 한다.

한번 만들어진 경로를 바꾸려면 힘이 든다. 가소성이 생겼다는 것은 우주 로켓이 대기권을 벗어난 상태를 말한다. 대기권을 벗어나기 전까지는 에너지를 몇 배나 사용한다. 우주로 나가면 에너지의 사용량이 줄어든다. 뇌가소성이 한번 생기면 고정되고 패턴화된다. 처음에 좋은 뇌가소성을 만드는 것이 중요하다. 우리의 뇌도 마찬가지다. 그래서 세 살 버릇이 여든 간다는 속담도 있다.

나쁜 가소성만 있다고 아쉬워만 할 수는 없다. 눈 내린 언덕에 서보자. 그리고 새로운 길로 내려가 보자. 새로운 길은 처음은 낯설고 두려움이 생기기도 한다. 혹시 내려가다 낭떠러지가 있으면 어떡하지? 뇌가소성의 원리를 알면 두려워할 필요가 없다. 마치 차량의 내비게이션과 마찬가지다. 운전할 때 이정표나 지도가 없으면 어떠한가? 지금 목표를 향해 잘 가고 있나 궁금할 것이다. 혹시 지나쳤는지도 모른다. 뇌가소성 이론은 뇌의 지도다. 당신에게 뇌의 지도를 알려줄 것이다.

머릿속에 뭐가 들어 있지?

신경계

뇌과학에서 두뇌를 신경계라고 한다. 신경계는 신경을 다루는 기관이다. 포유동물은 12계의 기관계가 있다. 골격계, 근육계, 생식계, 호흡계, 순환계, 피부계, 내분비계, 림프계, 소화계, 배설계, 면역계와 더불어 12계를 구성한다.

신경은 두뇌를 지칭하는 뇌 과학적 전문 용어이다. 평상시에 종종 "신경을 많이 썼어, 신경질이 나."라는 말을 한다. 신경계는 내외부의 자극을 받아들여, 다른 부위로 전달하고 반응을 일으킨다. 신체 내외에서 발생한 각종 자극과 정보를 효과적으로 처리하기 위해 수십만 개의 뉴런들이 정교하게 연결된다.

신경은 한자로 정신을 뜻하는 신(神), 경(經)은 통로나 다스린다는 뜻이다. 정신을 다스리는 그 무엇이라고 해석할 수 있다. 신경계는 중추신경계와 말초신경계로 구성한다. 중추신경계는 말 그대로 근원, 뿌리의 중심에 있다는 것이다. 바로 정신의 핵심인 정보의 명령 및 전달에 대한 부분을 담당한다.

중추신경계는 뇌와 척수로 구성된다. 우리가 흔히 알고 있는 뇌가 바로 중추신경계의 뇌를 말한다. 바로 이 뇌가 신경계의 핵심이다. 뇌는 여러 구조와 기능으로 나누어져 처음 접하면 어렵게 느껴진다. 뇌 구조가 건강과 행복에 어떤 연관이 있고 활용되고 있는지 생각하면 도움이 된다.

중추신경계는 명령하고, 말초신경계는 명령을 전달하고 실행한다. 중추신경계에 신경세포가 주로 모여 있다. 신경세포는 뉴런과 교세포로 구성되어 있다. 뉴런은 정보를 전달하는 역할을 하고, 교세포는 뉴런을 도와주고 보조한다. 뉴런은 약 천 억개이며, 교세포는 뉴런의 약 10배 정도 많다.

중추신경계의 뇌는 발달 순서에 따라 후뇌-중뇌-전뇌로 발달한다. 남자의 정자와 여자의 난자가 만나 수정을 한 후 분열을 거쳐 신경판이 신경관으로 변하면서 한쪽 끝은 뇌가 되고 반대쪽 끝은 척수가 된다. 뇌는 전뇌, 중뇌, 후뇌로 구성이 된다. 전뇌는 뇌의 중요한 부분인 대뇌와 간뇌를 구성한다. 중뇌는 덮개와 피

개로 구성되어 있고, 반사적인 시각중추와 청각 중추가 있다. 후뇌는 교뇌, 연수, 소뇌이며, 호흡 소화 심장박동 등 필수적인 생명활동, 운동, 평형을 관리한다.

전뇌는 대뇌피질, 대뇌변연계, 간뇌로 구성되어 있다. 미국의 폴 도널드 맥린이 뇌를 3층 구조로 나누면서 대략 뇌를 쉽게 파악하게 되었다. 제일 바깥쪽을 신피질, 중간을 변연계, 안쪽을 뇌간으로 크게 나눌 수 있다. 간단히 인지 뇌, 감정 뇌, 생명 뇌로 구분해 보면 쉽게 이해가 된다. 생명 뇌는 파충류의 뇌이고, 감정 뇌는 포유류의 뇌, 인지 뇌는 영장류의 뇌이다.

악어, 곤충 등은 뇌간만이 발달하였고, 파충류는 감정, 생각을 갖지 않고 생명과 관련하여 기능한다. 대뇌변연계는 생존을 위해 공포, 놀람, 기쁨, 슬픔 등 다양한 감정을 표출한다. 개, 고양이 같은 포유류는 뇌간과 더불어 변연계가 발달하여 감정을 나타낸다. 그래서 주인을 따르고 좋아한다. 포유류도 작지만 신피질이 발달했다.

영장류인 인간은 신피질이 크게 발달하면서 지구를 정복하게 되었다. 대뇌피질은 4가지 엽으로 구성되어 있는데, 운동과 감각을 주로 담당한다. 전두엽은 운동, 두정엽은 감각, 후두엽은 시각, 측두엽은 청각을 담당한다.

대뇌변연계는 정서를 담당한다. 놀람, 흥분 등 감정을 담당하는 편도와 단기기억을 담당하는 해마가 중요한 기관이다. 감정은 기억과 연관되어 있다. 인류 문명을 발달하게 한 중요한 원동력인 해마가 기억 기능을 담당한다. 그리스 신화에서 나오는 바다의 용과 비슷하다고 해서 붙여진 이름이다. 실제로는 해마와 닮지 않고 갈고리처럼 생겼다고 표현하는 게 더 맞다. 헨리 몰레이슨이 간질 증상을 보이는 환자의 뇌에서 제거한 부위이다.

좌뇌와 우뇌를 연결해주는 뇌량이 있고, 공감과 정서의 최고 사령부인 대상회가 있다. 사이뇌라고 하는 간뇌가 있는데 생명에 중요한 역할을 한다. 시상은 감각 기관에 들어오는 정보가 거치는 공간으로 시상에서 정보를 조율하여 대뇌피질에 보낸다. 후각을 제외한 모든 감각이 지나간다. 이 통로가 문제가 될 때 정보를 조절하지 못하고 홍수처럼 밀려온다. ADHD나 정신분열이 이러한 증상이라고 볼 수 있다. 시상의 조율 기간이 문제가 있을 때 자폐증, 정신이상으로 연결된다.

시상하부는 22여 개의 핵으로 구성되어 있는데 신체의 영양을 조율해주고, 호흡을 균등하게 하고, 온도를 꾸준히 유지해주는 등 체내의 항상성을 관리해준다. 또 호르몬을 분비하는 뇌하수체를 관리하고 명령을 내린다. 자율신경계를 관리한다.

대뇌 뒤쪽에 소뇌가 있어서 운동과 인체의 평형 관리를 한다. 중뇌는 시각과 청각과 관련된 기능을 하며, 교뇌는 정보를 연결해주는 연결관 역할을 한다. 연수는 생명 유지에 가장 필수적인 기능을 담당한다. 뉴런의 정보 전달은 뉴런 안에서는 전기적인 전달로 이루어지며, 뉴런과 뉴런은 화학적 물질로 전달한다. 뉴런 사이를 시냅스라고 한다.

뇌하수체는 호르몬을 분비한다. 시상을 둘러싸는 기저핵이 있다. 이곳이 문제가 생기면 운동에 문제가 생긴다. 파킨슨병, 무도병이 기저핵에서 도파민의 분비가 부족할 때 발생한다. 좌우 뇌를 연결하는 뇌량이 있는데, 2억 계의 신경 다발이다. 그 위에 대상회가 있다. 정서의 최고 조절 중추이다. 뇌의 뒤쪽에 소뇌는 운동과 평형 관리를 한다.

좌뇌와 우뇌

우리 뇌는 수평적으로 좌뇌와 우뇌로 분류한다. 좌뇌와 우뇌의 기능과 특징에 관한 연구와 의견은 논쟁이 많다. 좌뇌는 분석, 계산, 언어와 같은 기능을 하고 우뇌는 이미지, 정서, 상상 같은 기능을 한다. 과거에는 좌뇌가 중요했는데 이제는 우뇌의 시대라고 이야기한다. 문제는 한쪽이 치우쳐서 뇌를 사용한다는 것이다. 뇌파를 이용하여 좌우 뇌 균형을 맞추는 뉴로피드백 훈련도 두뇌훈련센터에서 다양하게 활용된다. 왜 뇌를 좌뇌와 우뇌라는 큰 구조를 나누었을까? 좌뇌와 우뇌를 연결하는 뇌량이라는 구조는 2억 개의 신경섬유로 매초 수많은 정보를 좌우로 보내준다. 뇌량의 연결이 끊기면 좌우 뇌가 분리되어 두 사람이 사는 것과 같다.

좌우뇌 중 어떤 뇌를 사용하면 더 좋을까? 최근에는 우뇌를 많이 써야 창의적이 된다고 한다. 하지만 좌우뇌의 협동과 균형이 중요하다. 좌뇌가 우세하면 어떻게 될까? 자꾸 분석만 하게 된다. 왜 한 개 틀렸을까? 자녀에게 그런 부분을 체크하니 스트레스를 서로 받는다. 부모의 마음은 그런 것이 아닌데 좌뇌가 우세하면서 계속 분석을 하게 되는 것이다. 직장에서도 마찬가지다. 직장상사가 잘한 것보다는 사소한 실수만 지적한다면 어떨까? 아마 이 상사와는 일하기가 싫을 것이다.

반대로 우뇌가 좌뇌보다 활성화되면 어떨까? 뭔가 계획적이고 논리적인 면이 부족하다. 수학 점수를 30점을 받고 학교 준비물도 제대로 못 챙겼는데 부모는 괜찮다고만 한다. 그러나 앞으로 사회생활을 제대로 하려면 자신이 해야 할 일은 해야 하는 게 옳을 것이다. 그런 부분을 잘 점검하려면 좌뇌와 우뇌를 균형 있게 사용해야 한다.

좌뇌는 몸의 오른쪽을 관장한다. 영어로 오른쪽은 'right'이다. 해석하면 '옳은'이라는 뜻이다. 본래 좌뇌가 옳고 우세한 뇌라고 했다. 언어의 주요 기능이 좌뇌에 있고, 분석하고 논리적으로 해결하는 힘이 좌뇌에 있기 때문이다.

현재 우리나라는 좌뇌와 우뇌처럼 이분법적인 사고로 분리되어 있다. 좌뇌는 적극적이고 투쟁하는 영역이라면 우뇌는 포용하고 이해하는 영역이다. 전통적인 가족의 역할로 보면 좌뇌는 아버지이고, 우뇌는 편안함을 챙겨주는 어머니이다. 좌뇌는 과학의 발달인 서양의 역사이고, 우뇌는 전체와 인내를 가르치는 동양의 역사와 닮았다. 그러나 이분법적 사고는 문제가 많다.

좌뇌와 우뇌의 이분법을 어떻게 해결할 수 있을까? 미국의 유명한 과학자 질 볼트 테일러는 뇌졸중으로 좌뇌의 기능을 잃고 나서 천국을 맛보았다고 한다. 그동안 눌려 있던 좌뇌의 기능으로부터 해방되었으니 말이다. 뇌파 검사를 해보면 학생과 직장인의 대부분이 좌뇌만을 사용하는 것으로 알려졌다. 현대인의 생활을 말해주는 일일 것이다.

자율신경계

우리 몸을 구성하는 말초신경계는 중추신경계에서 내린 명령을 수행하는 역할을 한다. 말초신경계는 체성신경계와 자율신경계로 구분된다. 체성신경계는 뇌신경과 척수신경으로 구성되며 온몸의 감각과 운동 신경을 관리한다. 다른 신경이 자율신경계인데 수의적인 조절을 하지 못하고, 스스로 자율적으로 기능한다고 해서 자율신경계라고 한다.

신체 내의 산소량 유지, 영양분의 농도를 균일하게 해주는 뇌의 부위가 시상하부이다. 꾸준하게 유지되도록 하는 것을 항상성이라고 한다. 시상하부는 체내의 항상성 유지에 중요한 역할을 한다. 시상하부가 항상 유지와 더불어 하는 것이 자율신경계의 관리이다. 자율신경계는 교감신경과 부교감신경으로 이루어져 있는데 이 두 개의 시스템은 길항작용을 한다. '길항작용'은 서로 끌어당겨 균형을 맞춘다는 의미이다. 한쪽이 너무 강하면 다른 쪽에서 약하게 만들어서 균형을 맞추게 한다. 균형이 잘 맞아야 몸에 면역력도 생기고 건강해진다.

교감신경이 활성화되면 긴장과 각성, 스트레스 상태가 된다. 세렝게티 초원에서 갑자기 사자를 만났다고 생각해보자. 어떻게 해야 할까? 도망가거나 싸워야 한다. 사자와 싸우는데 적당히 싸울 수 있을까? 도망가는데 천천히 도망갈 수 있을까? 싸우더라도 전력을 다해야 하고, 도망가더라도 모든 힘을 모아 도망가야 한다. 바로 이럴 때 작용하는 기전이 교감신경이다. 모든 힘을 투쟁 또는 도피에 써야 한다.

어떻게 해야 할까? 다른데 쓰는 힘을 아껴야 한다. 아낀 힘을 투쟁과 도피에 투입해야 한다. 그래야 생존 확률이 높다. 소화에 신경 쓸 겨를이 없다. 소화하다가 생명을 잃을 수 있다. 소화는 느려지고 에너지를 모은다. 동공은 확대되고 심장박동은 빨라진다. 도망을 치고 나면 부교감신경이 활동한다. 긴장된 상태를 추스르고 안정화하려고 한다.

균형이 깨지고 한쪽으로 치우치게 되면 몸은 다양한 질환에 걸린다. 교감신경이 지속해서 우세하여 스트레스가 이어지면 소화 불량이 되고 면역력도 떨어진다. 몸의 균형을 유지하기 위해서는 교감신경이 지속해서 활성화될 때에 명상을 하고 호흡을 천천히 하는 것이 좋다. 몸도 활발히 움직이기보다 편하게 쉰다.

부교감신경이 활성화되려면 자극을 받아야 한다. 햇볕을 쬐어야 하고, 냉온욕을 하고 몸을 적극적으로 움직여야 한다. 자율신경계의 기능은 심장박동수와 관련이 있다. 심장박동수의 변화도를 심박변이도라고 한다. 심박변이도가 크면 자율신경이 건강하고 심박변이도가 작으면 자율신경이 건강하지 않다. 심박변이도가 크다는 것은 무엇일까? 심박수의 변화가 많다.

예를 들어 어린아이라도 놀 때는 놀고, 공부할 때는 차분히 앉아 집중하는 것이 필요하다. 심박변이도 마찬가지다. 한 가지만 고정적으로 있는 것이 아니라 다양하게 변화해야 한다. 자율신경계는 심장돌연사와 관련이 높다. 심장 질환과 관련한 사망률은 암을 부위별 개별 질환으로 보았을 때 사망률 1위를 차지한다.

노동자가 돌연사하는 일이 높아지면서 이를 예방하기 위한 연구가 지속되고 있다. 교감신경은 심박변이도의 저주파수대와 관련이 있고 부교감신경은 고주파와 관련이 있다. 가로는 심박변이도로 보고, 세로를 횟수로 보았을 때 뾰족한 삼각형 모양을 할수록 심박변이도가 낮은 상태이다. 삼각형 모양이 넓고 낮을수록 건강한 상태가 된다. 자율신경계가 건강하면 긴장이나 흥분 상태에서 빠르게 안정을 찾을 수 있다. 요즘은 쉽게 심박변이도를 측정하는 기기들이 실생활에 적용되고 있다. 스마트워치와 같은 게 있다.

지각

인류는 진화를 거듭했다. 수십억 년 전에 지구에 생명체가 출연했고, 6억 년 전에 뇌라는 것이 처음으로 출연했다. 5억 년 전 '파충류의 뇌'인 뇌간이, 2억 5천 년 전에 '포유류의 뇌'인 대뇌변연계가, 대뇌피질은 2억 년 전쯤 발달했다. 뇌는 생명체의 움직임을 감지하기 위해 처음으로 만들어진다. 자극을 받은 신경이 모여서 뇌가 형성된다. 우리가 보고 듣고 느끼고 맛보는 감각은 진화의 산물이다.

시각

사람은 눈을 통해 사물을 인식한다. 대뇌피질의 50% 이상이 시각과 관련이 깊을 만큼 중요한 감각이다. 우리 시각은 왜 대뇌피질에서 중요하게 작용할까? 생존과 관련이 있다. 생명을 위협하는 맹수들은 움직이는 생명체이다. 생명을 보호하기 위해 시각을 발달시키는 것에 힘을 쏟았다.

시각은 전자기파의 일종인데 사람은 가시광선 영역만 인지할 수 있다. 파장으로는 400~700nm의 파장이다. 꿀벌 같은 경우는 자외선을 볼 수가 있어서 꿀을 모으는 데 사용한다. 사람은 가시광선만 볼 수 있다.

사물을 보기 위해 다양한 뇌 부위가 시각에 관여한다. 이것을 알게 된 계기가 1, 2차 세계대전이다. 살아 있는 사람의 뇌의 기능은 실험하기가 어렵다. 전쟁 중에 새로운 무기가 발달하면서 다양한 신체 부위에 상처가 났다. 머리만 다쳤는데 시력을 잃는 경우도 생겼다. 이런 일을 겪으면서 뇌의 특정 부위에 기능이 있는 뇌의 국재화 이론이 자리를 잡았다. 시각은 가장 중요한 감각으로 움직임, 깊이감, 형태, 색채 등 다양한 요소를 포함한다.

청각

인간은 언어를 사용하게 되면서 사회적으로 소통할 수 있고, 후대에 남길 역사, 문화도 남기게 되었다. 말은 입으로 하지만 듣는 것은 귀로 한다. 우리의 측두엽에는 청각을 담당하는 피질이 있고, 좌뇌 쪽에 언어를 담당하는 부위가 밀집되어 있다. 언어는 소리이고 말이다. 사람은 세상에 태어날 때 첫 울음소리를 통해 존재를 알린다. 우렁찬 울음소리를 듣고 부모님은 기뻐하며 태어난 존재를 인정한다. 아기는 자신의 목소리를 통해 세상에 존재

가치를 알린다.

귀는 소리를 듣는다. 말에는 아주 중요한 가소성이 있다. 다른 감각과 마찬가지로 상상으로 소리를 들어도 뇌는 실제로 반응한다. 청각을 통해 다른 사람과 소통할 수 있으며 청각에 이상이 있으면 사회적 소통에 어려움을 겪게 된다. 소리란 무엇일까? 소리는 공기가 압축되면서 발생하는 진동이다. 사람이 들을 수 있는 소리는 20Hz에서 20,000Hz이다. 공기가 진동의 형태로 고막에 닿게 되고 귀안의 유모세포가 전기신호로 변환시켜 청각피질에 전달하고 소리로 듣게 된다.

지구에 공기가 없다면 청각은 발달하지 못했다. 소리는 외이, 중이, 내이를 거쳐서 유모세포를 거치면서 신경 신호로 전달이 되고 청각으로 인식한다. 오랫동안 청각에 대한 의문이 있었다. 그것은 바로 숲에 사람이 없는데 큰 나무가 쓰러지면 소리가 나느냐이다. 과연 소리가 날까? 소리가 나지 않는다. 사람의 귀가 없다면 음파의 진동만이 있을 뿐이다. 귀가 있어서 들을 수 있다. 마찬가지로 전화벨이 울리는데 사람이 없다면 소리가 있을까? 마찬가지로 공기의 압축만이 있을 것이다.

귀 안의 세반고리관과 달팽이관이 청각을 가능하게 한다. 청각과 비슷한 경로를 사용하고 있는 전정기관이 있다. 정상적일 때는 전정기관의 고마움과 중요함을 모르기 때문에 무심코 넘어간다. 하지만 전정기관에 문제가 생기면 평형을 못 잡고 어지러움을 느낀다. 전정기관의 중요한 기능의 하나가 전정 눈 반사이다. 달리는 차 안에서 책을 볼 수 있는 것이 바로 이 기능 때문이다.

촉각

촉각은 피부 감각이다. 정자와 난자가 만나 수정란을 거치고 분할을 한다. 여기서 신경판을 형성하면서 외배엽, 중배엽, 내배엽으로 나뉜다. 외배엽에서 신경계가 발달한다. 또 피부도 외배엽에서 발달한다. 인체 중에서 가장 무게가 많이 나간다.

제3의 뇌라고 부른다. 생존에 아주 중요한 역할을 한다. 단세포의 생명체도 체감각이 발달한다. 체감각은 다양한 감각이다. 위치, 온도, 통증 등을 느낀다. 외부로부터의 신호가 왔을 때 전달하는 속도가 느리면 생존에 어려움이 있다. 온몸의 감각들은 말초신경계를 통해 뇌로 전달되는 구심성 신경이다. 뇌로 보았을 때 중심구 뒤쪽에 두정엽 부위에 해당하는 몸의 부위가 자극된다. 해당하는 두뇌 부위에 전기 자극만 주어지면 실제로 인식한다. 상상이어도 실제와 마찬가지로 작용한다.

예전에 공룡이 멸종한 이유가 무엇일까? 감각이 떨어져서다. 티라노사우르스는 꼬리를 자르면 20초 후에 자극을 인식한다. 압정을 발로 밟았는데 인식하지 못하다면 생존에 큰 지장이 생긴다. 공룡이 생존하지 못한 이유 중 하나다.

체감각과 관련된 중요한 연구가 있다. 대뇌피질에서 체감각 영역을 발견한 사람은 캐나다의 유명한 외과 의사인 펜필드이다. 외과수술을 할 때 정상적인 부위를 잘못 수술하면 안 되기 때문에 핀셋으로 뇌의 부위를 눌러 보았다. 그러자 환자는 누가 자신의 얼굴을 만지는 것 같다고 말하고 손을 잡는 것 같다고 이야기했다. 그는 신체 부위에 해당하는 뇌의 영역이 존재한다는 것을 발견했다. 펜필드의 비서가 신체 부위가 담당하는 부위에 따라 그림으로 그렸는데 영역을 많이 차지하는 곳은 크게 표시를 했다.

뇌에 관한 연구는 아프거나 다친 사람을 통해 진행되었다. 촉각과 관련된 중요한 가소성의 사례가 하나 있다. 바로 환상지의 뇌가소성 사례이다. 인도 출신의 유명한 외과 의사인 라마찬드란의 연구이다. 10대 후반의 큰 교통사고를 당한 탐이라는 청년이 있다. 교통사고로 한쪽 팔을 잃었다. 탐은 없는 왼쪽 팔이 아프다고 의사를 찾아왔다. 없는 팔이 느껴지는 것을 환상지라고 한다. 사고로 팔, 다리 등 신체 부위를 잃은 환자 중에 환상지를 경험한다. 탐이 왼쪽 팔을 잃었으니 담당하는 체감각 피질은 기능을 멈추었을까? 멈추지 않고 주위의 다른 부위로 확장되어 재조직화한다.

탐 같은 경우는 팔 주위에 있는 얼굴 부위로 재조직화가 되었다. 그래서 얼굴을 누르면 얼굴도 느껴지지만, 엄지손가락과 집게손가락도 차례대로 느껴졌다. 어떤 환자는 팔뚝 부위로 재조직화가 일어난 경우도 있다. 만약 다리 쪽으로 성기의 재조직화가 느껴지면 다리에서 성적인 감각이 활성화될 수 있다.

미각과 후각

후각은 오래된 감각이다. 후각은 진화하지 못하여 냄새에 대하여 구별 능력이 크지 않다. 시각은 많이 발달하여 색깔 하나에 대하여 여러 가지로 표현할 수가 있다. 후각은 그러한 부분이 덜하다. 후각은 오래된 기억을 불러일으킨다. 유명한 프랑스의 지식인 프루스트가《잃어버린 세계를 찾아서》에서 어렸을 적 고향에서 느끼던 냄새를 맡으면서 고향에 대한 기억을 떠올린다. 이것을 프루스트 효과라고 한다. 후각은 판매에도 도움이 된다. 빵을 팔거나, 무엇을 팔 때 후각을 먼저 자극하면 도움이 된다. 동물에게는 생식과 관련된 호르몬인 페로몬이 있다. 하지만 사람에게는 효과가 아직 입증되지 않았다.

장미향을 한 번도 맡아본 적이 없는 사람에게 장미향을 설명할 수 있을까? 장미향을 처음 맡아보는 사람에게 이게 장미향이라고 설명하는 것은 불가능할 것이다. 후각은 경험이 중요하다.

미각은 문명이 발달하면서 중요한 감각으로 주목받았다. 예전 하루 한 끼밖에 먹지 못할 때는 무엇을 먹어야 하나 고민하지 않았다. 밥 한 공기에 김치만 있어도 감사했다. 하지만 지금은 삼시 세끼를 걱정하기보다 오늘은 무엇을 먹을까 고민한다. 그러다 보니 미각을 자극하고 만족하게 할 수 있는 음식을 찾는다. 미각은 단맛, 짠맛, 쓴맛, 신맛, 그리고 감칠맛으로 구분된다.

매운맛에 관한 이야기가 종종 나온다. 스트레스가 많거나 기분 전환을 위해 매운맛의 떡볶이와 낙지볶음을 먹으면 기분이 풀린다고 한다. 왜 그럴까? 매운맛은 약한 통증을 일으킨다. 약한 통증이 일어날 때 엔도르핀이 분비되어 기분을 좋게 만든다. 매운맛은 교감신경을 흥분시킨다. 교감신경이 활성화되면 길항작용으로 부교감신경이 활성화된다. 부교감신경이 활성화되면 마음이 편안해지면서 이완되는 느낌이 든다. 이러한 이유로 매운 음식을 먹으면 기분이 전환되는 효과를 보게 된다.

내 나이에는 뭐가 변하지?

인간의 뇌는 오랜 시간 동안 진화를 거듭했다. 특히 신피질의 발달에 따라 뇌의 부피를 확장했다. 하지만 산모의 산도를 통과시켜야 하는 큰 위기에 봉착했다. 그래서 뇌는 타협했다. 뇌의 성장을 태어난 이후로 미루었다. 인간만큼 태어난 이후에 성장을 오래 하는 동물은 없다. 걷기 위해서 1년 이상이 걸리고 10살 때까지는 보호자가 있어야 한다.

포유류는 한 번에 낳을 수 있는 자손이 적기 때문에 소중함은 더욱 커졌다. 태내에서는 탯줄로 산모와 연결되어 있다. 태내에서 엄마의 이야기를 들을 수도 있고, 엄마의 영향을 많이 받는다. 특히 임신 시에 엄마의 흡연, 음주 등은 태아에게 치명적 악영향을 미친다. 임신 5주~5개월 사이에는 분당 약 25만 개의 뉴런이 생성된다. 태어나기 전에 뉴런의 숫자는 이미 성인만큼 생긴다.

영아기

뉴런만큼 중요한 것이 시냅스인데 시냅스가 생후 1~2년에는 성인의 2~3배나 연결이 많아진다. 생후 1~2년에는 잠이 거의 75%를 차지한다. 뇌가 포도당의 75%를 차지하면서 뇌를 확장한다. 왜 그렇게 할까? 최적의 시스템으로 발전시키기 위해서다. 이때 중요한 일들이 일어난다. 정련이라는 과정을 거치는데 순도를 높이는 과정이다. 뇌 과학의 다른 용어로 가지치기라고 한다. 나무의 가지를 쳐주어야 나무가 더 잘 자라는 이치와 비슷하다. 사람에게도 가지치기가 일어난다. 세포예정사라고 하는 과정으로 미리 유전적으로 준비된 과정이다. 뇌는 수억 년의 진화를 통해 정확하게 생존과 발전을 위해 한 치의 어긋남 없이 실행되도록 설계되었다.

유아기

유아기의 아이는 어떠한가? 호기심도 많고 무엇이든 관심이 많다. 이때 부모의 역할이 중요하다. 세 살 버릇 여든 간다고 한다. 산업혁명 때 만들어진 교육이 지금까지 이어지고 있다. 제품을 공장과 같이 한꺼번에 많이 만들어냈다. 기계를 돌릴 수 있는 지식을 가지고 있는 기술자가 필요했다. 필수적인 지식을 외우고 연산할 수 있어야 했다. 하지만 지금은 어떨까? 스마트폰만 있으면 몇 초 안에 정보를 검색할 수 있다. 외우고 처리하는 시대를 넘어 4차 혁명시대를 맞이했고, 높은 창의성을 요구하고 있다.

해리포터 시리즈의 저자인 조앤 롤링은 기차역을 마법으로 통하는 문이라고 생각했고 세계적인 베스트셀러 작가가 되었다. 조앤 롤링은 어떻게 창의성을 발휘할 수 있었을까? 그녀는 어렸을 때 부모님과 여행을 많이 다녔다고 한다. 평상시의 생활은 힘들고 지쳤지만, 기차를 타는 순간 모든 것에서 해방되고 자유로워졌다. 마법으로 통하는 문을 만들어낼 때 바로 자신의 어렸을 적 경험을 떠올렸다. 바로 창의성은 그냥 나오는 게 아니다. 사랑받았던 특별한 순간의 경험에서 특별한 감수성이 나온다. 아이를 창의성 있고 특별한 아이로 키우고 싶다면 두뇌 발달에 대해 알아야 한다.

부모는 아이에게 엄마, 아빠라는 말을 처음 들을 때 큰 감동을 한다. 인간은 언어를 사용하면서 많은 발전을 한다. 동물도 간단한 언어를 사용하지만, 인간처럼 자유롭고 다양한 표현을 하는 생명체는 없다.

유아기부터 본격적으로 언어의 뇌가 발달한다. 언어는 통합적인 감각이다. 바로 앞에 귤이 있다고 상상해보라. 손 위에 귤을 올려놓고, 손을 코로 가까이 가져가서 향을 맡아본다. 귤의 향이 후각을 자극한다. 손 위에 있는 귤 껍질의 느낌은 어떠한가? 귤의 무게는 어느 정도 느껴지나? 손을 가볍게 위아래로 올렸다 내렸다 해라. 귤의 색깔은 어떠한가? 싱싱하고 잘 익은 색깔이 보이나? 이제 반대쪽 손을 이용하여 귤의 껍질을 까보라. 이제 귤 한 조각을 떼어낸 다음 입에 가볍게 넣어보라. 깨물어 먹지는 말고 그대로 입안에 넣어본다. 입안에 침이 고인다. 이제 귤 조각을 살짝 깨물어보라. 귤의 상큼함이 입을 적신다. 그리고 살짝 삼켜본다. 맛이 어떤가? 실제 귤을 먹은 거와 차이가 없다는 것을 알게 된다. 말은 이처럼 체감으로 다가오는 감각이다.

아동기

아동기는 보통 초등학교에 입학하는 시기부터 시작한다. 아동기에는 두정엽과 측두엽의 기능이 발달한다. 두정엽은 체감각 피질이 있어서 공감각을 담당한다. 논리적이고 입체적인 사고를 담당하는 영역이다. 수학과 과학 과목을 잘 이해하기 위해서는 두정엽의 발달이 중요하다. 두정엽은 책상에 앉아서 공부만 하면 발달되지 않는다. 몸을 많이 사용하고 경험을 많이 해야 두정엽이 발달한다.

두정엽이 손상되면 촉각과 통각을 인지하지 못하고 공간상에서 자신의 위치도 알 수 없다. 두정엽은 주의를 집중하고 유지시키는 역할도 한다. 특정 자극에 주의를 집중할 때 두정엽이 활발해진다. 측두엽의 발달하면서 언어의 고급화가 이루어진다. 언어의 의미를 이해하고 해석하며 논리적인 사고가 가능해진다.

좌뇌와 우뇌의 전문화가 9~12세 때 이루어진다. 전두엽이 발달하면서 좌뇌와 우뇌를 연결하는 뇌량이 왕성하게 발달한다. 뇌량이 발달할수록 선택적 주의집중을 잘할 수 있다. 다양하고 풍요로운 경험을 할수록 시냅스 연결이 활발해지면서 뇌량이 두꺼워진다. 아이디어와 개념을 다루는 형식적 사고도 가능해진다.

아동기에는 발달상의 특징으로 배려, 존중, 사랑, 서운함, 부끄러움 등의 다양한 감정이 나타난다. 그래서 감정의 경험을 풍부하게 하는 환경이 중요하다. 친구 간의 사회적 경험도 매주 중요한데 놀이를 통해 배울 수 있다.

청소년기

청소년기의 나이에 대한 명확한 구분은 없지만 대략 14~15세 때부터 시작한다. 이 시기에 뇌는 많은 변화를 경험한다. 유아기, 아동기를 거치면서 발전했던 것들이 청소년기에 대대적인 변화를 경험한다. 청소년기에는 뇌의 많은 변화가 일어난다. 대표적으로 시냅스의 생성과 가지치기가 일어난다. 이와 함께 호르몬의 분비가 많아지면서 쾌감과 보상을 담당하는 도파민이 성인보다 몇 배나 많이 분비된다. 이때가 자신의 정체성을 확립하기 위한 중요한 시기이다. 도파민은 자신이 좋아하는 것을 했을 때 나오는 호르몬이다.

청소년 시기는 자기가 좋아하고 잘하는 것을 찾아야 한다. 하버드대학교의 하워드 가드너 박사는 다중지능 이론을 발표했다. 여덟 가지 지능 중에서 누구나 세 가지의 우수한 지능을 가지고 있다는 것이다. 실제로 자기 직업에 만족하는 사람은 자신의 강점지능에 맞는 직업을 선택했다. 그러나 불만족 한 사람은 강점지능과 상관없는 직업을 가졌다. 자신의 강점지능을 알고 있는가? 자신을 잘 아는 만큼 행복할 수 있다.

어떤 사람은 고급 외제 승용차를 타고 사람을 만나 회의를 하고 치열한 삶 속에서 만족을 느끼는 사람이 있는가 하면 또 어떤 사람은 자연 속에서 지는 해를 바라볼 때 행복을 느끼기도 한다. 자기가 좋아하는 것을 할 때 도파민이 나온다.

청소년기에 도파민이 많이 분비되는 이유는 평생 무엇을 하며 살지 결정해야 하는 시기이기 때문이다. 공부만 잘하면 성공하는 시대는 지나갔다. 우리나라에서 에디슨이 태어났다면 전기기술자를 하고 있을 것이라고 이야기한다. 부모가 좋아하는 것이 아니라 아이가 좋아하는 것을 할 수 있도록 밀어주어야 한다.

얼마 전 카페에서 옆자리에 엄마와 초등학교 고학년쯤 되는 학생이 수학 문제집을 풀고 있었다. 엄마는 휴대폰을 들여다보고 있으면서 아이가 공부에 집중하고 있는지 5분마다 확인을 했다. 뇌에는 거울 뉴런이 있다. 다른 사람의 행동을 보고 자기도 그런 행동을 하고 있다는 것을 느끼게 되고 또한 자신도 그런 행동을 하게 된다는 것이다. 그래서 거울 뉴런을 공감 뉴런이라고도 한다.

잠깐 그 엄마의 이야기를 들어보니 이번에는 수학 성적이 90점까지 올라야 한다고 했다. 한국의 많은 엄마와 같은 이야기를 한다. 아마도 아이는 문제집을 다 푼 뒤 엄마처럼 핸드폰을 하거나 놀고 싶다는 생각을 할 것이다. 아이가 아직은 사춘기를 겪지 않았기에 엄마와 마주 앉아 공부하는 척하고 집중하는 것으로 보이지만, 청소년기를 지나면서는 아이는 엄마의 말을 듣지 않을 것이다. 그래서 그동안 쌓였던 불만으로 엄마와의 사이는 멀어지고, 엄마는 어렸을 때는 순종적이었는데 아이가 왜 변했을까 고민할 것이다. 친구를 잘못 사귄 것일까, 착했던 우리 아이가 변했다고 생각한다.

아이의 뇌를 알았다면 이렇게 고민하지 않았을 것이다. 공부와 적성은 누가 찾아줄 수 없다. 1000억 개의 신경세포와 진화 속에서 생존을 위해 몸부림쳤던 기억처럼 자신 안의 정체성을 찾을 수 있도록 응원해주고 격려해주는 것이 필요하다. 아이가 공부에 집중하게 하는 가장 쉬운 방법은 무엇일까. 바로 엄마가 책을 읽은 모습을 보여주면 된다. 그러고 읽은 책에 대해 감동적이었던 대목을 이야기하면 아이는 스스로 공부는 재미있는 것이라는 경험을 내면에 쌓을 것이다. 엄마가 행복한 느낌을 이야기해 주어야 한다.

엄마의 인생을 살아가는 태도는 아이에게 큰 영향을 끼친다. 긍정적이고 진취적인 부모 밑에서 자란 아이는 훗날 아이가 어려움이 닥쳤을 때 난관이라고 생각하지 않고 딛고 일어설 힘을 얻는다.

성인기

성인이 되고 나면 머리가 녹슨다고 말한다. 맞는 말일까? 뇌는 신체 일부이기 때문에 나이가 들면서 기능이 떨어지는 것은 당연하다. 기억력, 계산 능력, 언어 능력 등은 떨어진다. 그러나 좋아지는 기능도 있다.

지능은 유동성 지능과 결정성 지능으로 구분된다. 유동성 지능은 계산하거나 기억하는 기능을 말한다. 환경에 영향을 받지 않은 유전적 지능이다. 결정적 지능은 교육을 많이 받거나, 다양한 경험을 통하여 얻어진다. 예를 들어 이해하고 판단하는 능력, 비평하거나 통찰하는 능력, 소통하는 능력 등 생활 속에서 필요한 중요한 지능이다.

유동성 지능은 성인기를 지나면서 뇌의 기능이 퇴화함에 따라 함께 낮아진다. 그러나 결정성 지능은 학습과 경험에 따라 나이와 관계없이 개선될 수 있다. 결론은 기억력과 계산하는 능력은 떨어지지만, 종합적인 판단력을 나타내는 지혜라는 선물이 온다.

45세가 되면 20대 초반보다 이해하는 단어의 수가 3배 이상 많아진다. 60세가 되면 경험으로 얻어지는 체험적 지식이 20세의 4배 이상 된다는 연구가 있다. 뇌가소성을 통해 두뇌를 잘 관리할 때 생기는 것이다.

노년기

미국 미네소타주에 만가토라는 지역이 있다. 만카토의 노트르담 수녀회 소속 수녀의 치매 연구가 유명하다. 80세, 90세, 심지어 100세가 넘었는데도 치매 증상이 나타나지 않은 것이다. 150명의 수녀는 치매 연구를 위해 자신의 뇌를 기증했다. 이들의 뇌를 해부하니 놀랄만한 결과가 있었다.

치매 증상이 일어나야 할 연령대의 뇌이지만 수상돌기 및 시냅스가 퇴화하지 않고 활성화되어 있는 것이다. 그래서 켄터키 대학교의 데이비드 스노던 교수는 왜 수녀의 뇌가 퇴화하지 않았을까 연구를 시작했다. 그 결과 만카토 수녀원의 신조가 게으름은

악마의 장난감이라는 것이었다는 것을 알게 되었다. 그래서 수녀들은 은퇴하고도 쉬지 않고 봉사, 책 읽기 등 몸과 뇌를 쓰는 일을 계속했다. 노년의 인지 능력 저하와 노화에 따른 뇌 질환을 상당 부분 예방했다. 나이가 들어도 뇌와 몸을 쓰면 노화가 예방되고 개선된다.

현대인은 문명의 발달로 인해서 편리한 생활을 한다. 하지만 뇌에는 좋지 않다. 머리를 쓰고 몸을 써야 건강해진다. 노인이 되면 오히려 증가하는 부분도 많다. 이해력과 정서에 대한 공감 능력이 많다. 어른에게는 삶의 지혜가 생긴다.

2021년 1월 29일 중앙일보는 올해 102세가 되는 김형석 연세대 철학과 명예교수의 인터뷰를 기사화했다. 그는 행복해지고 싶은데 행복해질 수 없는 사람은 두 부류가 있다고 했다.

"우선 정신적 가치를 모르는 사람입니다. 왜냐하면 물질적 가치가 행복을 가져다주진 않으니까요. 가령 복권에 당첨된 사람이 있어요. 그 사람이 과연 행복하게 살까요? 그렇지 않습니다. 정신적 가치를 모르는 사람이 많은 물건을 가지게 되면 오히려 불행해지고 말더군요."

돈과 권력, 명예욕은 기본적으로 소유욕이기에 가지면 가질수록 더 목이 마르다. 행복하려면 꼭 필요한 조건이 만족이라고 하였다. 만족을 알려면 어떻게 해야 할까? 그는 가장 일을 많이 하고, 행복한 건 60세부터라고 했다. "글도 더 잘 쓰게 되고, 사상도 올라가게 되고, 존경도 받게 되더군요. 사과나무를 키우면 제일 소중한 시기가 언제일까요. 열매 맺을 때입니다. 그게 60세부터입니다. 나는 늘 말합니다. 인생의 사회적 가치는 60세부터 온다."

취재를 한 백성호 기자는 김형석 교수와 대화를 나눌수록 놀랐다. 지팡이를 짚지 않은 육체적 건강 때문이 아니다. 100세가 넘는 나이에도 정신력과 기억력, 사고력과 판단력이 놀라웠던 것이다. 유연하고 열린 사고 역시 젊은이들과 견줄 수 있다는 것이다. 그를 통해 나이는 숫자에 불과함을 느낀다.

뇌 유형을 파악하자

뇌의 3층 구조

뇌를 쉽게 3층 구조로 신피질, 구피질, 뇌간으로 구분한다. 신피질은 생각 뇌, 구피질은 감정 뇌, 뇌간은 생명 뇌로 나눌 수 있다. 세 가지 뇌가 모두 발달하지만, 환경이나 경험에 따라 좀 더 발달한다. 생각하는 뇌가 발달한 사람은 논리적이고 분석적이다. 감정적인 뇌가 뛰어나면 정서적이고 감성적이다. 생명 뇌가 뛰어나면 행동 지향적이며 실천력이 뛰어나다.

빛이 무지개 색깔이 있듯이 뇌 유형도 색깔이 있다. 생각 뇌형은 파랑색, 감정 뇌형은 노랑색, 생명 뇌형은 붉은색의 에너지 색깔을 갖는다. 생각 뇌형이 주로 쓰는 말은 근거 있는지 논리적인지 핵심이 무엇인지를 따진다. 지금 책을 읽을 때도 적용된다. 보이지 않는 것은 잘 믿지 않는다. 감정 뇌형은 분위기가 잘 맞아야 한다. 책의 내용보다도 이미지라든지, 어투가 나와 맞아야 한다. 감정 뇌형은 일이 계획대로 잘 안 풀릴 때는 "속상해, 가슴이 아

구분	신피질	구피질	뇌간
태어난 기질	머리가 똑똑함	가슴이 따뜻함	박력과 추진력
생활 방식	논리적 근거 중요	사람에 관심	직접해 보아야 함
성격 유형	사고중심, 분석, 계획 생산성, 창조성 중시	감정중심, 교류, 공감, 평화성 중시	행동중심, 힘, 추진력, 실행력 중시
사용하는 용어	근거, 핵심이 뭔가? 종교 잘 안 믿는다. 골치 아파 죽겠어. 머리 아파.	느낌이 안 와 기분이 안 좋아 분위기가 아니야 속상해 가슴이 아파	결론이 뭐야? 이거야 저거야? 빨리 말해 환장하겠네!
에너지 보충	사람 만나는 것 싫어함 잠으로 충전	사람을 만나 이야기를 해야 함	먹는 걸로 보충

<뇌 발달에 따른 사고, 행동 방식>

파."라는 말을 잘 쓴다. 생명 뇌형은 움직임이나 체조를 직접 해 보면서 체험을 한다. "나하고 잘 맞는 것 같아." "효과가 있는 것 같아."라는 말을 하고 일이 잘 안 풀릴 때는 "환장하겠네!"라는 말을 쓴다.

에너지가 떨어질 때는 생각 뇌형은 잠을 자면서 충전을 한다. 감정 뇌형은 잠을 안 자고, 사람을 만나서 가슴에 불편한 이야기를 모두 다 꺼내야 한다. 한참을 떠들다 보면 속이 시원해지고 에너지가 충전된다. 생명 뇌형은 먹는 것으로 충전을 한다. 집에 와서 냉장고 문을 열고 음식을 모두 먹는다.

우리나라 3대 대기업도 뇌 유형에 따라 분류할 수 있다. 3대 대기업은 어디일까? 삼성, 엘지, 현대이다. 생각 뇌형은 삼성, 감정 뇌형은 엘지, 생명 뇌형은 현대자동차이다. 삼성의 로고는 무슨 색깔일까? 파란색이다. 생각 뇌형의 에너지 색깔이다. 삼성은 첨단 산업인 반도체 스마트폰 같은 것을 해야 잘된다.

감정 뇌형의 엘지의 로고 송은 "사랑해요. 사랑해요. 엘지."이다. 로고도 웃고 있는 둥그런 얼굴 모양이다. 그래서 감정, 공감, 정서 관련한 사업에 뛰어나다. 화장품 같은 것, 엘지 생활건강 제품이 우수하다. 마지막 생명 뇌형은 현대자동차이다. 예전 현대건설의 로고든 산 두 개였다. 넘고 또 넘자, 불도저 같은 이미지가 바로 현대의 에너지이다. 강인함이 느껴진다. 건설, 조선, 자동차

관련 사업에서 우수하다. 자기 에너지 유형과 연관된 것을 하는 것이 성공 확률을 높인다. 남이 한다고 해서, 좋을 것 같아서 하기보다 자기 성향과 맞는 것을 하는 게 중요하다.

여기 일곱 살 아이가 있다고 생각해보자. 유치원을 다녀온 아이는 아무 말 없이 울기 시작한다. 이때 부모가 보일 수 있는 대처법은 뇌 유형에 따라 세 가지로 나뉜다. 첫 번째는 왜 울고 있는지 그 이유를 물어본다. 두 번째는 안아주면서 엄마가 있으니 괜찮다고 타이른다. 세 번째는 누가 그랬는지 복수해주겠다고 손을 잡는다. 첫 번째 유형은 생각 뇌형, 두 번째는 감정 뇌형, 세 번째는 생명 뇌형이다.

아파트에 살고 있고, 자정이 넘었는데 윗집에 새로 이사 온 신혼부부가 싸움을 계속하고 있다. 그릇 깨지는 소리와 고함소리가 들리고 있다면 뇌 유형에 따라 어떻게 달라질까?

'생각 뇌형'은 경찰이나 관리소에 신고를 바로 한다. '감정 뇌형'은 밤새 잠을 이루지 못하고 저 신혼부부 저러다 이혼이라도 하면 어쩌나 자기 일처럼 고민을 한다. '생명 뇌형'은 바로 올라가서 문을 두드린다. 이 시간에 왜 싸우냐, 너무 시끄러워 잠을 못 자겠다 항의한다. 감정 뇌형 부인과 생각 뇌형 남편이 부부인데, 감정 뇌형 부인은 가슴으로 애달아 있는데 남편이 경찰에 신고하면 어떻게 될까? 당신은 피도 눈물도 없는 사람이야 할 것이다. 그 사람은 틀린 게 아니고 나와 다른 것이다. 다르다는 것은 이해하면 논란이나 분쟁의 소지도 줄어든다. 뇌를 알면 행복해질 수 있다.

3장

뇌가소성을 키우자

Brain Plasticity

운동에는
뇌가소성이 있다

뇌는 움직임을 위해 만들어졌다

뇌와 몸은 하나로 연결되어 있다. 과학자들은 뇌가소성을 일으키는 최고의 방법으로 운동을 선택한다. 뇌가 몸을 변화시키듯이, 몸이 뇌를 변화시키기 때문이다. 운동은 몸을 튼튼하게 하고 질병을 예방하고 자신감을 증대시킨다.

뇌는 몸을 움직이기 위해 만들어졌다. 움직이지 않은 생명체는 없다. 대표적으로 멍게라고 불리는 우렁쉥이가 있는데, 어렸을 때는 뇌가 있으면서 움직이면서 생활한다. 그러나 성체가 되면서 우렁쉥이는 고착생활을 하게 되고, 뇌를 영양분 삼아 먹는다. 운동의 효과는 뇌가소성을 증대시켜 고차원적인 사고를 하게 한다. 운동은 신경세포인 뉴런의 시냅스 연결망을 강화하고 뇌 구조를 변화시킨다.

호모사피엔스는 20만 년 전에 나타났고, 현재 인류의 조상으로 여겨진다. 인류는 수십만 년 동안 동굴에서 생활했다. 그리고 수렵과 농경생활을 하면서 식량을 얻었다. 먹기 위해 매일 같이 몸을 쓰지 않으면 안 되었다. 운동과 움직임은 생존을 위해 꼭 필요한 것이다. 신체를 더 많이 움직일수록 뇌는 더 크고 건강해지도록 진화한다. 움직임은 진화, 즉 뇌가소성에 꼭 필요한 활동이다.

농경 중심의 사회가 산업혁명을 거치면서 급격히 변화했다. 200년도 안 되는 시간 동안 생활환경이 빠르게 변화했다. 매일 하루에 볼 수 있는 광고 수가 대략 2만 개라는 연구가 있다. 텔레비전 광고는 '좋은 자동차를 타라. 소파에 누워서 쉬어라. 건강에 좋은 과자'라고 말하며 소비 욕구를 자극해 구입을 유도한다. 미래에는 더욱 지금보다 할 일이 줄어들 것이다. 빨래도 할 필요가 없고, 청소는 로봇청소기가 대신한다. 운전도 필요 없는 자율주행으로 모든 운동을 멈추게 한다. 몸은 뇌의 지배를 받는다. 그래야 정상적인 상태가 되고, 호르몬이 분비되고 각종 기관이 관리된다. 하루에 약 20km 정도를 움직여야 정상적으로 몸과 뇌가 기능할 수 있음을 알아야 한다.

운동의 뇌가소성 연구

운동은 뇌가소성을 증가시킨다. 운동이 뇌가소성을 향상하는 연구가 다양하게 진행되었다. 초기에는 주로 쥐를 가지고 연구를 했다. 도널드 헵은 '사용하면 강화되고 사용하지 않으면 약화된다.'라는 이론을 이야기했다. 1945년 헵은 우연히 운동의 가소성 효과를 발견했다. 연구실의 연구용 쥐를 몇 마리 집으로 가져왔다. 자녀를 위한 애완동물로 잠시 키우게 했다. 얼마 후 쥐를 연구실로 가져와 미로실험을 통해 학습 능력을 측정했다. 그러자 밀폐된 공간에 있던 쥐에 비해 훨씬 좋은 성적을 보였다. 새로운 경험이 뇌를 활성화했다. 아이들과의 만남이 쥐의 뇌를 자극하고 학습능력을 높여준 것이다.

1960년대 UCLA의 마르크 로젠츠바이크는 사다리나 쳇바퀴, 공 같은 장난감을 가지고 쥐들이 함께 놀 수 있도록 환경을 만들어주었다. 몇 달 후 쥐의 뇌를 연구해보니 놀잇감이 풍부한 환경에서 지낸 쥐는 텅 빈 우리에서 지낸 쥐보다 대뇌피질의 무게가 5%, 해마의 무게는 9% 증가했다. 뉴런의 수상돌기는 25%나 가지가 많이 생겼고, 시냅스 수도 증가했다. 기억과 학습과 관련된 아세틸콜린의 양도 많아졌다. 미로 실험에서도 우수한 결과가 나왔다.

풍부한 환경은 뇌 구조를 바꾸고 뉴런의 연결을 강화한다. 놀잇감이 없는 그룹도 먹이는 동일하게 주었기 때문에 뇌가소성에 영양소는 상관이 없었다. 풍부한 환경에서 몸을 많이 움직인 것이 뇌가소성을 증가시킨 것이다. 그런데 이러한 결과가 여러 마리가 함께 있어서인지 단순히 장난감 때문인지는 확인이 안 되었다.

1999년 솔크생물학연구소의 프레드 게이지는 좀 더 구체적인 연구를 진행했다. 한 그룹의 쥐에는 쳇바퀴가 있고, 다른 그룹의 쥐에는 쳇바퀴가 없는 우리에서 45일을 보냈다. 이후 지능을 측정하는 액체 미로 실험을 했다. 쳇바퀴가 있는 쥐는 액체 미로 실험 성적이 우수했다. 운동한 쥐의 해마는 뉴런이 15%가 더 많았다. 운동을 많이 하면 뇌가소성이 증대함을 증명한 셈이다.

운동이 인간의 뇌에 어떤 영향을 미칠까? 피츠버그대학교의 조교수인 커크 에릭슨은 2010년 연구에서 9세와 10세 어린이 49명을 대상으로 러닝머신을 뛰는 동안의 산소 섭취량을 측정하고 MRI를 분석했다. 운동을 많이 해 건강한 어린이는 해마의 크기가 12%가 더 컸다. 운동은 몸을 건강하게 하고 기억과 인지력의 중요한 해마를 성장시킨다.

운동은 어떻게 해야 할까? 가벼운 스트레칭도 중요하지만 유산소 운동은 뇌가소성을 증가시킨다. 2006년 일노이대학교의 연구진는 60세에서 79세 사이의 인지기능이 정상인 59명을 대상으로 연구를 진행했다. 6개월 동안 한 그룹은 유산소 운동을 했고, 다른 그룹은 체조와 스트레칭을 했다. 유산소 운동을 한 그룹은 전두엽과 측두엽의 뉴런이 증가했다. 다른 그룹은 아무런 변화가 없었다.

러너스 하이를 경험하자

나는 2019년 여름에 등산을 하다가 미끄러져서 어깨를 다치는 일이 있었다. 바위에 빗물이 고여 있었는데 발을 헛디뎌 미끄러지면서 어깨에 충격이 온 것이다. 병원에서 물리치료를 받고 한의원에서 침도 맞았지만 효과는 크지 않았다. 병원에서는 오십견이라고 했고, 지압하는 원장님은 관리를 잘 못하면 한쪽 팔을 사용하지 못할 수도 있다고 했다.

뇌에 엄청난 자극이 왔다. 체력관리를 정말 잘 해야겠다는 마음이 들면서 달리기를 시작했다. 달리기를 하게 된 계기가 바로 러너스 하이(runners high)였다. 매주 2~3회 정도 4~10km를 달리다 보니 몸과 뇌가 변화가 됨을 느꼈다. 에너지가 생산되고 의욕이 샘솟았는데 위기가 기회가 된 것이다.

마라톤은 42.195km의 엄청난 거리를 뛰는 운동이다. 중년 이후에는 오히려 신체에 무리가 된다는 이야기도 있다. 그러나 마라톤을 하다 보면 큰 매력을 발견하게 되는데 어느 힘든 순간을 넘어서면 황홀한 경험을 하게 된다. 이를 마라톤에서 '러너스 하이'라고 한다. 이는 미국의 심리학자인 A. J. 맨델이 1979년 발표한 논문에서 처음 사용된 용어인데 '하늘을 나는 느낌과 같다.' 혹은 '꽃밭을 걷고 있는 기분'이라고 비유했다. 미국의 장거리 달리기 선수 제임스 픽스가 쓴 베스트셀러 《달리기의 모든 것》에서 황홀감과 통증 완화를 경험하는 것을 이야기하면서 주목받았다.

1975년 스코틀랜드와 미국의 연구팀이 엔도르핀을 발견했다. 그리스어로 '안쪽'의 엔드와 아편의 주성분인 모르핀을 합친 단어다. 엔도르핀은 진통 효과가 모르핀보다 200배나 강한 점에서 '체내의 모르핀' 또는 '뇌 속의 마약'으로 불린다.

엔도르핀은 알파, 베타, 감마 3종류로 나뉘는데, 베타 엔도르핀이 진통 작용에 강력한 효과가 있다. 달리기를 할 때 나오는 물질이 바로 베타 엔도르핀이다. 2008년 3월, 뮌헨 공과대학의 헤닝 뵈커 교수는 러너스 하이가 엔도르핀에서 비롯된다는 사실을 과학적으로 입증했다.

사람의 뇌는 왜 달리기를 오래할 때 강력한 진통 물질인 엔도르핀을 생성하는 것일까? 뇌 과학자들은 생존을 위해 뇌의 기전으로 이야기한다. 사바나 초원에서 토끼 같은 야생동물을 잡으러 다니다 힘이 빠지는 순간이 있다. 토끼를 잡지 못하면 며칠 동안 아무것도 못 먹을 수 있다. 이때 뇌에서 토끼를 꼭 잡을 수 있도록 강력한 쾌감물질을 공급하여 힘을 내도록 하는 것이다.

나이는 뇌가소성에 장애가 되지 않는다. 2018년 70대 한인 여성이 마라톤 세계 신기록을 세운 기사가 나왔다. 1948년 4월 서울에서 태어난 라이스 씨는 1968년 19살 되던 해 미국으로 이민을 갔다. 제 41회 시카고 국제 마라톤 대회에서 3시간 27분 50초를 기록하여, 2013년 독일의 헬가 미케타가 세운 3시간 35분 29초의 종전 70대 여성 부분 세계기록보다 7분 이상 빨리 결승선을 통과했다. 그녀는 새벽 5시 30분이면 지역 주민들과 매일 달리기를 하고 매주 65마일 이상씩 뛰며 대회를 준비했다고 한다.

뛰는 게 무리가 된다면 가볍게 걷는 것부터 시작하자. 뇌는 걷고 뛰는 것을 무척 좋아한다. 또한 달리기뿐만 아니라 다양한 운동 분야에서 비슷한 경험을 이야기한다. 자기의 분야에서 최선을 다하고 한계를 넘어설 때 뇌는 강력한 물질을 생성한다.

운동의 효과

인간은 식량을 준비하기 위해 멀리 움직여야 했다. 운동과 관련 있는 도파민은 보상과 성취 호르몬으로 불린다. 도파민이 부족할 때 운동성 장애인 파킨슨 질환이 일어난다. 나이가 20세 이상일 때부터 10년 단위로 도파민이 10%씩 줄어든다고 한다.

도파민이 부족하면 운동력이 떨어지고 신경계의 활력이 빠르게 약해진다. 뇌가소성을 일으키는 최고의 방법은 움직임이다. 뇌가소성을 일으켜 뇌와 몸을 건강하게 활성화하려면 움직여야 한다. 몸을 움직이면 뇌와 몸에 혈액을 공급하는 심장을 활성화하고, 에너지의 20%를 소비하는 두뇌의 혈류량도 증가시킨다. 두뇌에 더욱 많은 영양소와 산소가 공급되면 뇌 기능이 활성화되고 뇌가소성은 더욱 커진다.

독일의 칸트는 매일 같은 시간에 산책하는 것으로 유명하다. 칸트가 나타나는 것만으로도 사람들은 시간을 알 정도였다. 칸트도 움직임을 통해 창조적인 아이디어를 얻는 일화가 많다. 걸음이 단순하게 보이지만 뇌를 깨우는 아주 효과적인 방법이다. 가벼운 운동으로 몸에 자극을 주면 산소와 혈액 공급이 원활해지면서 뇌를 변화시킨다.

만 60세인 사람 100명을 대상으로 걷기 운동의 효과를 확인한 연구가 있었다. 50명씩 반으로 나누어 한쪽은 걷기 운동을 하고, 다른 한쪽은 쉬운 활동을 하게 한 후 일 년 후에 자기공명 영상으로 뇌 검사를 진행했다. 결과는 걷기 운동을 한 팀은 건강이 좋아졌고, 뇌가 더 효율적으로 활성화되었다. 자기공명 영상 검사 결과 대뇌피질 신경세포의 연결이 더 활성화되었고, 전전두엽과 측두엽의 연결이 강화되었다.

고차원적인 사고를 담당하는 대뇌피질이 걷기 운동을 통해 더욱 활성화되었다는 것이다. 전전두엽과 측두엽은 노화에 영향을 가장 많이 받는 부분인데, 이곳이 활성화되었다는 것은 노화 예방에 도움이 많이 된다는 것이다.

신체 활동을 적극적으로 하면 두뇌는 활성화된다. 건강한 성인을 산책을 시키면서 규칙적으로 전전두엽을 측정했더니, 신경세포가 더 자란 것으로 나타났다. 걷기 운동은 노인뿐만 아니라 건강한 성인에게도 사고와 인지의 사령부인 전전두엽을 활성화시킨다. 운동을 하면 몸의 근육이 증가한다는 것은 알았지만, 사고의 중추인 전전두엽이 활성화된다는 것은 새로운 사실이었다.

달리기와 등산 같은 고강도 운동도 있지만, 스트레칭 같은 가벼운 운동부터 호흡 명상 같은 정적인 운동도 포함한다. 심박 수를 높이는 고강도 운동도 도움이 되지만, 호흡과 명상도 뇌가소성을 일으킨다. 심폐지구력, 근력, 유연성의 기본 요소들을 인식하고 운동을 설계해야 한다. 운동의 중요성은 이미 많이 알려져 있다. 하지만 한쪽 몸만 쓰는 편향성 운동은 좌우 몸의 균형을 잃게 하여 물의를 일으키는 원인이 된다. 테니스, 골프, 탁구, 배드민턴 같은 운동은 대표적인 편향성 운동이다. 스트레스 해소 등 움직임에는 도움이 되겠지만 꼭 스트레칭을 통해 좌우 균형을 맞추어야 한다.

양측성 운동은 스트레칭, 걷기, 달리기, 수영, 등산과 같은 운동으로 몸의 좌우 균형을 맞추어 주는 좋은 운동이다. 그리고 더불어 유산소 운동은 뇌가소성을 위해 꼭 필요하다. 뇌는 산소를 20~25% 소모하는 아주 중요한 기관이다. 산소가 원활하게 공급되어야 뇌가소성을 증가시킬 수 있다. 가장 대표적인 유산소 운동은 걷기와 달리기다. 달리기를 할 때 뇌가소성의 변화는 놀랄 만하다.

한국에 여러 번 방문하고 강연을 한 하버드 의대 존 레이티 교수는 운동의 효과에 대해 이야기했다. 운동이 기억력, 사고력 등 인지 능력을 향상시킨다고 발표하면서 학교 현장 및 학부모에게 큰 반향을 일으켰다.

그는 일리노이 주 네이퍼빌의 학교에 2005년부터 0교시 수업에 운동을 도입했다. 이 학교는 학업 성취도가 매우 낮은 곳으로 학생 수도 미달인 곳이었다. 그런데 8학년생들이 과학에서 세계 1위, 수학에서 세계 5위를 차지하는 쾌거를 이루었다. 존 레이티는 이 성과를 기초로 미국 전역뿐만 아니라 세계 여러 나라에 학생들이 운동을 할 수 있도록 제안했다.

폴 진타스키 체육 주임 교사는 운동이 뇌를 변화하는 원리에 대해 "운동이 뇌를 자극하는 것은 단순한 믿음이 아니라 진짜 과학입니다. 운동, 특히 심혈관 운동을 하면 뇌에서 분비되는 도파민, 세로토닌, 노르에피네프린과 같은 화학물질들이 뇌가 기능하는데 실질적인 도움을 주거든요. 기억력이나, 기분, 경각심, 주의력, 입맛, 적극성에 영향을 미칩니다."라고 말했다.

0교시 체육수업에 참여했던 9학년 크레이크 스캇은 "여기서 운동을 하고 수업에 들어가면 뇌가 제대로 돌아가는 느낌이에요.

전에는 마지막 시간에 운동을 하니까 수업준비를 제대로 못했거든요"라고 말하며 공부하기 전 운동의 중요성을 강조했다.

공부하기 전에 운동해야 한다. 우리나라에서도 건강증진학교라는 프로그램을 10년간 실시하면서 학교 현장에서 운동을 적용하고 있다. 학교 체육 시간이 제대로 시행되지 못하고 있는 현실에서 국내 교육부에서 운동 프로그램을 적용하려는 시도는 매우 좋은 현상이다.

기적의 물질 BDNF

최근 신경과학에서 가장 중요한 하나가 바로 뇌유래신경성장인자(BDNF, Brain-Derived Neurotrophic Factor) 이다. 흔하지 않게 기적의 물질이라는 이름이 붙여져 있다. 존레이티는 운동의 여러 효과 중에서도 특히 뇌신경세포의 성장을 촉진하는 단백질 BDNF 주목하라고 말한다.

"BDNF는 기적의 뇌 성장인자로 불리는데, 신경세포의 거름이 된다는 뜻이다. 신경성장인자인 BDNF는 모든 뇌세포에서 생성되고, 뇌세포가 활성화 될 때 분비된다. 우리가 몸을 움직이고 활동을 하면 모든 뇌세포가 활성화되며 이러한 신경세포 영양인자가 많이 분비된다."

또한 그는 "우울증에서 벗어나기 위해 운동을 활용하면 항우

울제를 사용했을 때와 같이 모든 신경전달물질이 증가한다. 또 기적의 영양인자이자 뇌의 성장 요소인 BDNF도 증가한다. 그래서 우울증을 치료하기 위해 운동을 출구로 활용하면 좋다."라며 건강한 뇌와 몸에 대해 강조했다.

BDNF는 해마의 신경세포를 성장시키는 중요한 요소다. 뇌에 있어 해마는 기억을 담당하는 기관이다. 학생이나 직장인은 일을 처리하는 데 있어 중요하고 노인은 치매를 예방하는 데 중요하다. 최근 연구 결과를 통해 성인의 뇌의 해마에도 신경세포가 재생되는 것이 발견되었다. 이 해마의 신경세포를 보다 활성화해주는 것이 뇌유래신경성장인자다. 바로 운동을 하면 뇌유래신경성장인자가 더 활성화된다.

KBS 방송 프로그램 〈생로병사의 비밀〉의 '늙지 않는 뇌' 편을 보면 운동은 뇌에 긍정적인 영향을 끼쳤다. 20대 건강한 남성을 대상으로 운동 전후의 뇌혈류량을 비교해보았다. 그 결과 운동 전에 초당 77cm/sec였던 혈류 속도가 운동 후에는 초당 97cm/sec 정도로 증가했다.

제38대 대한신경과학회 이준홍 회장은 운동의 효과에 대해 "뇌혈류량이 많아지면 뇌에 여러 가지 좋은 영향을 미치게 된다. 그 원인으로 이야기할 수 있는 것은 혈관의 새로운 생성이 자극되고 혈관뿐만 아니라 뇌세포의 새로운 생성 자체가 자극이 될 수가 있다. 뇌에 있는 여러 가지 신경 전달 물질의 활성화 또는 변화가 나올 수도 있고, 뇌세포의 성장인자가 좀 더 많이 분비될 수 있는 아주 유익한 효과가 뇌에 일어날 수 있다."라고 말했다.

고려대 의대 유임주 교수는 운동이 뇌의 회로를 활성화해 뇌를 발달시켜준다고 하면서 "운동을 하기 위해서는 뇌에서 각각의 근육을 조정하는 명령이 하달돼야 한다. 운동을 하고 있지만 실제로는 우리 뇌에서 각각의 신체 부분을 움직이도록 명령을 하는 것이다. 운동을 하고 있다는 것 자체가 뇌의 회로가 계속 돌아가고 있는 것이다. 그래서 꾸준히 특정한 뇌의 회로를 활성화해줌으로써 그 부분의 뇌를 발달시킬 수 있다."라고 했다.

어떻게 운동해야 하나?

운동 처방은 개인의 건강 상태와 나이, 체력 수준, 근골격계 상태 등에 따라 달라진다. 작은 신체 활동도 건강에 도움을 주지만 보통은 중간 정도와 높은 수준 사이의 신체활동이 필요하다고 연구되고 있다.

전문가들은 일주일에 3회 이상 30~60분 정도의 중·고강도 운동을 하면 최소 건강의 효과를 얻을 것이라고 한다. 미국 정부는 18~64세의 성인은 일주일에 최소한 150분의 중강도 운동 또는 75분의 활발한 강도의 유산소 신체 활동을 권고한다. 달리기, 수영, 자전거 타기, 걷기를 포함해서 다양한 신체 활동이 건강을 관리하는 데 도움이 된다.

운동을 규칙적으로 하기 위해서 즐겁고 실행 가능하며 부상 위험이 적은 활동을 선택해야 한다. 고강도 운동은 부상의 위험이 크기 때문에 체력과 건강 상태를 고려한다. 걷기, 자전거 타기, 수영, 댄스 활동은 비교적 안전하게 진행할 수 있다. 달리기, 농구, 등산 등은 체력에 맞게 진행한다.

심폐지구력은 수영, 달리기, 사이클링 같은 유산소 운동을 오랜 시간 동안 실행하는 능력이며, 체중 감소와 심혈관계 질환의 위험을 예방하는 데 효과적이다. 이러한 이유로 많은 연구자는 심폐지구력을 체력에 중요한 구성 요소로 생각한다. 심폐 체력은 즉 최대 유산소 능력을 가장 타당한 측정으로 본다. 운동을 하는 동안 신체가 섭취할 수 있는 최대 산소량이다. 신체에 산소와 영양분을 공급하고 이산화탄소와 같은 노폐물을 제거한다.

근력 트레이닝은 일상적인 작업을 위해 필요하며 근력과 근지구력으로 구분한다. 근력은 한 번의 노력으로 들어 올릴 수 있는 최대한의 무게이다. 근지구력은 반복해서 힘을 발휘하는 능력이다. 근력 트레이닝은 근력 감소를 지연시키고 골다공증을 예방하는 데 도움이 된다. 심장의 혈액을 온몸으로 보내기 위해서 근육의 힘이 필요하기 때문에 중요한 운동이다.

유연성 향상은 관절의 가동성을 증가시키고, 신체를 효율적으로 움직이게 한다. 좋은 자세를 잡게 하는 등 여러 가지 유익함을 제공한다. 규칙적으로 움직이지 않으면 관절은 사용량이 적어 퇴화하기 시작한다. 향상된 유연성은 관절을 건강하게 유지하는 데 도움이 된다. 매일 가벼운 스트레칭으로 신체 움직임을 효율적으로 만들어 올바른 자세를 만들자.

브레인푸드에
뇌가소성이 있다

제대로 먹어야 한다

먹는 것이 곧 내 몸이 된다. 음식은 세포의 성장과 재생의 연료이다. 매일 먹는 음식은 뇌와 몸의 건강에 영향을 준다. 적절한 영양 섭취가 뇌와 몸 건강의 열쇠이다. 최고의 뇌와 몸 건강을 유지하고 활력을 얻으려면 음식을 통해 좋은 영향을 섭취해야 한다.

좋은 음식을 섭취하면 뇌를 건강하게 하여 뇌가소성을 촉진한다. 패스트푸드는 뇌를 위축시키고 뇌유래신경성장인자를 감소하게 한다. 뇌는 수렵생활을 잊지 못하고 계속 먹게 하여 비만을 초래한다. 뇌가소성을 위해 적절한 영양을 섭취하고 관리하자.

뇌 건강에 좋은 브레인푸드를 섭취해야 한다.

인류는 오랫동안 굶주림과 맞서 싸웠다. 수렵생활을 할 때는 사냥을 못 하거나, 열매를 발견하지 못할 때가 많았다. 그래서 먹을 게 있으면 배가 불러도 충분히 먹었다. 배가 고플 때 영양분을 보충해야 하기 때문이다.

생존을 위해 영양분을 비축해 둔 장소가 아랫배이다. 이제는 삼시 세끼를 빠짐없이 먹을 수 있는데도 뇌는 아직 수렵생활 속의 상황으로 인식하고 있다. 뇌와 몸은 영양분이 넘치는 상황을 겪어보지 못했다. 비축한 영양분은 곧바로 사용되었으나 지금은 계속 쌓이고 있다.

연세대 의대 안철우 교수는 우리나라의 당뇨병 인구가 무려 400만 명으로 세계적으로 심각한 수준이라고 발표했다. 공복 혈당 장애가 있는 당뇨병 고위험군 인구는 무려 1,000만 명에 이른다. 한국인 5명 중 1명은 당뇨병 환자이거나 곧 당뇨병 환자가 될 수 있다는 것이다. 이를 두고 '당뇨병 대란' 혹은 '당뇨병 쓰나미' 시대라고 이야기했다.

대사증후군은 만성적인 대사장애로 인해 당뇨병, 고혈압, 고지혈증, 비만, 심혈관계 질환 등 다양한 질환의 원인이 된다. 우리나라 성인 3명 중 1명이 대사증후군 환자이다. 흔하지만 건강을 해치는 질환을 일으킨다. 몸이 안 좋으면 뇌의 성능을 발휘할 수 없다.

대사증후군 진단 기준

3개 이상이면 대사증후군에 해당된다.

- 허리둘레 : 남성 90cm(35인치), 여성 80cm(31인치) 이상
- 중성지방 : 150 mg/dL 이상
- 고밀도 콜레스테롤(HDL) : 남성 40mg/dL 이하, 여성 50 mg/dL 이하
- 혈압 : 130/85 mmHg 이상
- 공복혈당 : 100mg/dL 이상

우리 뇌의 무게는 몸 전체의 2%이지만 산소와 영양분은 20~25% 가까이 소비한다. 뇌의 유일한 영양분은 포도당이다. 하루에 종이컵 하나인 120ml의 포도당이 꼭 필요하다. 다이어트를 한다고 탄수화물을 아예 안 먹는 경우가 있는데 뇌에 악영향을 미칠 수 있다. 지방과 단백질도 뇌에는 꼭 필요하다. 지방은 정보 전달을 촉진시키는 수초의 형성을 돕는다. 뇌의 60%가 지방으로 이루어졌다. 단백질은 신경전달물질 방출에 있어 아주 중요하다. 적절한 영양을 잘 공급해야 한다.

탄수화물을 영양분으로 쓰기 위해서는 인슐린 호르몬이 필요하다. 인슐린이 잘 나와야 혈액에 포도당이 공급될 수 있다. 당뇨병은 포도당이 너무 많이 공급되어서 인슐린이 기능을 발휘하지 못하는 병이다. 혈액 속에 당이 많이 있으면 혈관이 노화된다. 몸

과 뇌가 기능을 잘 발휘하지 못한다. 몸 속 혈관의 길이는 모세혈관까지 포함하면 100만 킬로미터가 넘는다. 과유불급이라고 했다. 넘치면 부족한 것 보다 안 좋다는 말이다. 우리 몸의 영양을 두고 한 말이다. 너무 많은 영양 공급으로 다이어트나 단식에 대한 관심이 많다. 적절하게 영양분을 공급해주는 것이 뇌 건강에 중요하다.

DHA를 섭취해라

정제된 탄수화물이 함유된 패스드푸드는 먹음직스럽지만, 먹고 나면 혈당을 급속도로 높여 머리가 무겁고 무기력함이 느껴진다. 그래서 점점 기피하게 된다. 뇌를 성장시키는 음식으로 식단을 구성해야 한다. 건강한 식단은 활력을 넘치게 하고 인지 기능을 개선하고 뇌를 활성화한다. 특히 오메가3라고 불리는 다중불포화 지방산은 뇌 기능에 중요하다. 두뇌의 60%는 지방이고 DHA가 두뇌지방의 약 20%를 차지한다. 오메가3는 뇌 성장에 도움이 많이 되는 DHA가 있다. 등푸른 생선이나 해조류에서 섭취할 수 있고, 성인뿐만 아니라 아동의 뇌 건강에 필수적이다. DHA는 뇌에 산소 공급을 원활하게 도와주며 해마에서 BDNF 생성과 신경세포 신생을 활성화한다.

2009년 스웨덴에서 15세 청소년에 대한 어류 섭취와 학업 성취 간의 연관성을 연구했다. 베스트라예탈란드(Västra Götaland)는 스웨덴 서부 연안에 위치한 도시이다. 지역에 거주하는 모든 학생에게 우편을 발송하여 설문지와 학교 성적에 대한 정보를 수집했다. 일주일에 1회 이상 생선을 섭취한 학생은 1회 미만으로 섭취한 학생보다 평균 14.5%로 성적이 높았다. 성별 및 사회 경제적 지위와 같은 잠재적 요인을 조정한 후에도 통계적으로 유의미했다.

어류에는 인체에서 합성되지 않지만, 성장과 발달에 도움이 되는 DHA 및 EPA와 같은 오메가3가 풍부하다. 오메가3의 섭취는 특히 뇌와 망막에서 세포막 구조와 신경세포의 활성화에 영향을 미친다. 어류 섭취와 인지 기능 사이의 연구는 중요하다. 청소년기는 사회적, 정서적 행동와 더불어 높은 인지 기능의 기초가 되는 뇌가소성의 중요한 시기이다. 고등학교의 성적은 이후의 교육 경력과 직업을 결정하는 데 매우 중요하다.

2010년 미국 피츠버그 대학은 성인 건강 및 행동 프로젝트에서 지역 사회 중년 자원봉사자(30~54세) 280명을 대상으로 연구했다. 혈청 샘플을 검출하고 비언어적 추론 및 정신적 유연성, 주의와 집중, 작업기억, 어휘 테스트, 언어 유창성을 검사했다. 1차 분석을 한 결과 DHA가 인지 기능과 가장 관련이 있음을 밝혀냈다.

오메가3는 최적의 뇌 발달과 노화에 대한 보호를 위한 중요한 영양소이다. 섭취 부족은 상대적으로 낮은 인지 능력 및 수행 능력과 관련이 있고 특히 DHA와 연관된다.

DHA는 보조제보다 음식물을 통해 섭취하는 게 좋다. 하지만 필요량 섭취가 쉽지 않아 보조제가 필요하다. 주 2회 이상 고등어와 참치, 연어와 같은 생선과 더불어 호두 등 식물성 오메가3를 함유한 식품도 섭취하면 좋다.

영양으로 해마를 키워라

텔레비전을 보면 패스트푸드점에서 생일파티를 하는 장면이 나온다. 그리고 근사한 요리로 보이는 각종 음식이 나온다. 어느덧 친구들 사이에서 가장 인기 있고 멋있는 사람이 된 것 같은 대리만족을 느끼고 실제로 따라 하고 싶다는 생각이 든다. 음식뿐만 아니라 옷과 핸드폰, 가방 등 다양한 제품이 광고로 만들어진다. 자신도 모르게 따라 사고 있음을 알게 된다. 운동과 칼로리 제한은 해마의 신경세포 발생을 증가시킨다. 패스트푸드처럼 정제된 음식을 섭취하면 뇌가소성을 증가시키는 BDNF를 만드는 유전자의 활동이 감소된다. 건강에 좋은 지방과 단백질을 섭취하면 BDNF가 증가한다.

2015년 호주의 60~64세의 255명을 MRI를 조사한 결과 건강한 식단으로 식사를 한 경우, 저영양 고열량 식단보다 왼쪽 해마의 부피가 큰 것으로 나타났다. 고열량 식단은 더 작은 해마와 관련이 있었다. 4년간 조사했는데 건강한 식단은 왼쪽 해마 부피가 커지고 고열량 식단은 왼쪽 해마 부피가 작아졌다. 건강한 식단이 해마 구조와 기능을 강화하여 뇌를 보호할 수 있음을 확인했다.

원래 포화지방과 정제된 설탕이 풍부한 고열량 식단이 신경 가소성과 기능에 악영향을 미친다는 것은 동물실험 모델을 기반으로 만들어졌다. 지방과 설탕이 풍부한 고열량 식단을 유지한 동물은 해마와 관련 있는 의존적 공간 학습에서 낮은 성능을 보였으며 물체 인식, 뇌 유래 신경영양인자의 해마 수준을 감소한다. 동물실험과 마찬가지로 사람에게도 영양은 중요하게 작용한다. 또한 2018년 연구를 보면 장기적으로 건강에 좋은 식품을 먹은 사람을 대상으로 연구를 했다. 459명의 자기공명영상 검사를 측정하니 해마의 용적이 증가했다.

가장 많이 섭취해야 하는 여섯 가지 음식은 야채, 과일, 통곡물, 견과류 및 콩류, 오메가3 지방, 고도 불포화 지방산이었다. 그리고 섭취를 피하거나 적게 섭취해야 하는 4가지 성분은 설탕이 첨가된 음료와 과일 주스, 적색 및 가공육, 트랜스 지방 및 나트륨이다.

연구 결과는 건강한 식단이 해마 부피를 증가시켜 뇌 구조에 긍정적인 변화를 미칠 수 있다는 가설을 뒷받침한다. 기억을 담당하는 해마는 중요하다. 식이요법과 영양이 기억에 관해 중요함을 알 수 있다. 건강한 영양이 신체의 건강뿐 아니라 적극적이고 활기찬 정신의 활동을 위해 필요하다. 또한, 연구에서 알코올 섭취가 해마 작용에 안 좋은 영향을 미치는 것도 확인했다.

비만과 야식을 줄여야 한다

야식을 줄여야 한다. 아침식사는 제대로 챙겨 먹지 못하고, 점심도 급하게 먹다 보니 저녁식사에 부족한 영양을 채우려고 한다. 배가 고파서 잠을 못 자겠다며 음식을 찾는다. 야식 증후군은 많은 열량을 저녁이나 밤늦게 섭취하는 것을 말한다. 간단한 간식은 상관없지만 습관이 되면 밤마다 기름진 음식을 먹게 된다. 그렇게 되면 수면시간도 부족해지고, 위장에 음식물로 깊은 숙면을 취할 수 없다. 영양도 균형을 잃고 위장 장애도 생긴다. 생체리듬도 흐트러지고 감정 조절이 쉽지 않게 된다.

낮에는 교감신경이 활성화되어 몸을 활동적으로 움직이게 한다. 저녁에는 부교감신경이 휴식을 취할 수 있도록 우세하게 작용한다. 부교감신경은 에너지를 소비하기보다 저장하는 쪽으로 작용한다. 저녁에는 조금 먹고 일찍 쉬는 것이 신체 리듬을 활성화시킨다. 신체 리듬이 흐트러지면 뇌가소성을 발휘하기가 어렵다.

비만은 뇌에 좋지 않은 영향을 끼친다. 비만은 뇌에 신경세포를 활성화하는 데 도움을 주는 뇌유래신경영양인자 감소와 연관이 있다. 한 연구는 7세부터 9세 사이의 비만 아동 73명과 건강한 대조군 47명을 대상으로 뇌유래신경영양인자의 수치를 조사했다. 혈장 BDNF 농도는 마른 대조군에 비해 비만 소아에서 더 낮은 경향이 있었다. 비만 아동에게 균형 잡힌 정상 칼로리 식단을 설명하고, 적합한 운동 프로그램을 제공했다. 2년 동안 4개월마다 점검을 했다. 2년 후에 혈장 농도가 증가한 결과를 얻었다. 관리에 따라 뇌는 변화한다.

비만은 뇌의 크기를 위축시킬 만큼 안 좋은 영향을 미친다. 한 연구는 5년 이상 인지적으로 정상 상태를 유지한 94명의 노인을 대상으로 회백질과 백질 부피의 차이를 조사했다. BMI가 높은(BMI〉30) 비만한 사람은 정상 체중인 사람과 비교하면 전두엽, 해마 및 시상에서 위축을 보였다. 높은 BMI는 과체중 및 비만 노인 피험자의 뇌 부피 감소와 관련이 있었다. 따라서 비만은 인지적으로 정상적인 사람에서 감지할 수 있는 뇌 용적 결핍과 관련이 있다. 특히 BMI의 상위 5%에 있는 사람은 안와전두엽과 같은 영역에서 최대 8%의 위축이 나타났다. 인지가 정상이더라도 비만이면 뇌는 점점 위축된다. 비만을 줄이면 뇌 건강을 보다 오래 유지할 수 있다.

장에 뇌가소성이 있다

《제2의 뇌》의 저자인 미국의 신경생리학자인 마이클 D 거숀 박사는 장은 제2의 뇌라고 말했다. 왜 소화를 담당하는 부위인 위장을 제2의 뇌라고 했을까? 놀랍게도 위장에 있는 신경세포 수는 약 5억 개로 쥐보다 많다. 농담으로 배 속에 똥밖에 없다는 우스갯소리가 있는데, 장은 똑똑한 기관이다. 식도에서 항문까지의 소화관에 있는 장신경계는 뇌로부터 자율적으로 독립되어 있다. 뇌와 마찬가지로 정보를 받고 전달하기에 장신경계는 중요하다.

미주신경이 뇌와 장을 연결하여 큰 역할을 한다. 미주신경은 약 2,000개의 신경섬유로 뇌와 장을 연결한다. 장에 이상이 있을 때 즉각적으로 뇌에 신호를 보낸다. 그래서 장이 건강해야 뇌가 건강하다. 또 하나의 자율신경이라고 불리는 장신경계가 장에 있다.

뇌 과학에서는 뇌만을 뇌라고 하지 않고 몸 전체를 뇌라고 한다. 뇌와 몸은 신경계로 이루어져 있어서 분리되지 않고 하나이기 때문이다. 신경계 중에서 스스로 자율적으로 움직인다고 해서 자율신경계라는 곳이 있다. 우리 몸이 긴장할 때 작용하는 교감신경계와 이완되었을 때 작용하는 부교감신경으로 이루어진다. 교감신경은 척수를 따라서 몸의 여러 장기에 연결되고, 부교감신경은 뇌신경의 10번 신경인 미주신경에 의해서 관리된다.

장이 건강해야 뇌가소성이 잘 일어난다. 우리나라 말에 장이 건강해야 뇌가 건강하다는 말이 있다. 우리 몸에 중추신경계인 척수만큼이나 신경세포가 많은 곳이 장이다. 일반적으로 장은 소화만을 진행하는 단순한 기관으로 생각하는데 훨씬 복잡하다. 특히 장 속 면역세포는 몸 전체의 약 70%를 차지하고 있다. 장 속에 면역세포가 가장 많이 모여 있는 것은 우리가 먹은 음식의 해로운 미생물에서 뇌와 신체를 보호하기 위해서다. 그래서 아주 작은 해로운 세균에서부터 우리의 생명을 보호하고 있다.

세로토닌은 안정과 관련된 신경전달 물질로 장에서도 만들어지며, 세로토닌은 장관 속의 음식물을 이동시키는 연동운동에 중요한 역할을 한다. 이 연동운동은 장에 있는 복잡한 신경계에 의해 조절되는데, 장의 세로토닌은 장을 수축시킨다. 장은 행복 호르몬이라고 불리는 세로토닌을 95%를 저장하고 있다. 세로토닌이 부족할 때 우울증을 일으키고, 정서적으로 불안감을 일으킨다. 또한, 수면 호르몬인 멜라토닌을 분비하는 전구체가 된다.

우리를 행복하게 하는 세로토닌은 왜 장에 모여 있을까? 바로 장이 행복해야 뇌가 행복할 수 있기 때문이다. 그래야 뇌가소성이 일어난다. 행복하지 않는데 어떤 의욕이 생기겠는가? 뇌와 장의 상호작용에 관해 연구해온 UCLA 소화기질병 연구소의 메이어 박사는 "대량의 정보를 수집, 저장, 분석, 반응하는 뇌장축이야말로 진정한 의미의 슈퍼컴퓨터다. 과거에 상상했던 우둔하기 짝이 없는 소화 증기기관과는 전혀 거리가 먼 스마트한 존재이다."라고 말한다.

1980년대 초까지만 해도 의사들은 위산의 과다생성을 막고 위궤양을 치료하는 데 미주신경을 절제했다. 수술은 성공하여 궤양을 치료할 수 있었지만, 식사를 조금만 해도 포만감이 들고, 구토와 경련, 설사 등 다양한 부작용이 나타났다. 장과 뇌의 상호작용에 중요한 역할을 하는 미주신경을 몰랐기 때문이다.

장에서 세로토닌이 제대로 분비되지 않으면 정서적으로 불안해지고, 집중력도 떨어진다. 장 상태가 안 좋아 배탈이나 변비가 생길 때 기분이 어떠한가? 그런 상태에서 정상적인 생활을 하기는 힘들다. 장 건강이 뇌 건강이고, 뇌가소성을 일으키는 비결이다.

브레인 푸드를 먹자

뇌 친화적인 음식을 먹으면 집중하는 데 도움이 되고 빈약한 음식을 먹으면 집중력이 약화할 것이다. 청소년기의 먹는 음식은 뇌 발달을 향상시킬 수도 있고 저하할 수도 있다. 건강한 뇌를 위해서는 좋은 음식을 먹어야 한다.

뇌 건강을 위해 물을 마셔라. 신경세포 활동의 원동력을 제공하기 위해서는 충분한 물을 마셔야 한다. 어릴 때는 몸의 80%가 물로 이루어지지만 나이가 들면서 70%로 줄어든다. 몸속에 물이 부족하면 스트레스 호르몬이 증가한다. 짜증도 나고 집중력이 떨어진다. 수분을 충분히 유지하기 위하여 물을 자주 마셔야 한다. 물 대신 녹차와 같은 허브티로 수분을 섭취하는 것도 좋은 방법이다. 허브차는 비타민과 미네랄을 함께 섭취할 수 있다. 진정 효과가 있는 페퍼민트, 마음을 차분하게 만드는 캐모마일도 좋은 차다.

뇌의 많은 부분이 지방으로 이루어져 있다. 지방은 뇌 중량의 11%를 차지한다. 물을 제외하면 지방은 뇌 중량의 절반에 이른다. 뇌가 필요로 하는 지방은 불포화 지방산이다. 뇌 건강을 촉진하는 것으로 알려진 불포화 지방산은 오메가3와 오메가6이다. 서로 다른 기능을 해서 음식을 통해 섭취할 수 있도록 노력해야 한다. 수많은 연구에서 두 가지 불포화지방산이 면역계 건강을 유지하고 뉴런의 정보 전달을 촉진하는 역할을 한다고 밝혀졌다. 오메가6 지방산은 포도씨유, 카놀라유, 옥수수유를 통해 많이 섭취하는데 염증을 유발하여 질병 발생 위험을 높일 수 있다.

인지질은 뇌세포막에 형태와 강도, 탄성을 제공하는 필수 영양소로 인지적인 사고 작용에 필요하다. 인지질은 거의 오메가3 지방산으로 구성되어 있어 인지질을 함유한 음식을 충분히 섭취해야 한다. 인지질이 풍부한 음식은 생선, 게, 새우, 갑각류와 알이다. 식물에서는 대두, 보리, 통밀, 귀리, 해바라기 씨 등이 있다.

포화지방은 뇌에 도움이 안 되는 것으로 알고 있을 것이다. 포화지방 중 수소화라는 공업 과정에서 만들어지는 트랜스지방은 몸에 가장 해롭다. 트랜스지방은 혈중 콜레스테롤과 트리글리세리드 수치를 높이고 전신의 염증을 촉진하여 건강에 악영향을 준다. 가공식품인 쿠키, 크래커는 물론 대량 생산되는 도넛, 케이크, 냉동 피자 등 빵에 다량 함유되어 있다. 가공식품을 섭취할수록 뇌 건강에도 안 좋은 영향을 줄 것이다.

단백질은 아미노산이라는 단위가 연결된 구조이다. 아미노산은 뇌와 신체에 필수적인 영양소다. 인지 기능이 잘 진행되려면 매일 적절한 양의 아미노산이 필요하다. 필수 아미노산은 뇌에서 만들지 못하기 때문에 음식으로 공급해야 한다. 세로토닌은 행복할 때 뇌에서 나오는 신경전달 물질이다. 세로토닌이 부족하면 행복감이 줄어들고 우울증과 불안감이 생긴다. 세로토닌이 생성되려면 트립토판이라는 아미노산이 존재해야 한다. 생선, 우유, 달걀, 닭고기, 돼지고기, 소고기는 동물 단백질을 콩류, 곡물, 대두, 견과류, 씨앗은 식물 단백질을 함유하고 있다.

인간의 뇌는 요구 사항이 많다. 뇌는 에너지원으로 탄수화물을 사용한다. 또한 글루코스라는 당이 필요하다. 탄수화물을 섭취하면 글루코스로 분해된 후 혈류를 통해 뇌의 에너지원으로 사용된다. 쌀밥, 빵, 국수 등 흰색 음식은 글루코스를 풍부하게 공급하는 식품이 아니다. 캔디, 과자, 주스는 당성분이 높지만 글루코스는 거의 없다. 당이 높아 빨리 소화되고 섬유질이 낮은 음식은 뇌에 안 좋은 영향을 미친다. 현미, 통밀과 같은 가공하지 않는 음식을 섭취하자. 양파, 포도, 키위, 살구, 레트 비트도 좋은 글루코스 공급원이다.

비타민은 뇌의 활동, 성장, 유지에 중요한 역할을 한다. 에너지를 공급하지는 않지만, 뇌의 에너지 생성에 도움을 준다. 물질대사 고정에 필수적인 역할을 한다. 신경전달 물질을 생성하는 일에도 필요한 영양소다. 비타민 A와 E는 뇌세포와 조직을 보호하는 항산화 기능이 있다.

뇌세포가 에너지를 생성하기 위해 포도당과 산소를 사용한다. 이때 산화가 일어난다. 인체 내에 항산화 물질이 있지만, 대부분은 식품에서 섭취해야 한다. 아몬드나 아마 씨에서 섭취하는 비타민 E와 감귤류, 베리, 채소에 있는 비타민 C는 좋은 항산화 식품이다.

수면에
뇌가소성이 있다

잘 쉬어야 한다

현대인은 바쁘고 분주하다. 열심히 살지 않으면 남들에게 뒤처진다고 느낀다. 일에만 빠져 있는 사람을 일중독이라고 한다. 일중독임을 자부하기도 한다. 건강한 사람이 갑자기 쓰러진 소식을 접하게 된다. 심혈관 질환은 우리나라 사망 원인 2위이면서, 전 세계 사망 원인 1위일 정도로 치명적이다. 특히 돌연사 원인 대부분이 심혈관 질환이다.

세계보건기구에서는 심혈관 질환에 의한 사망률의 75% 이상을 생활습관 조절을 통해 예방할 수 있다고 한다. 올바른 식사습관, 규칙적인 운동, 스트레스를 줄이는 생각습관 등을 통해 혈관 건강을 지키는 게 중요하다. 휴식을 취하지 못하고 일에만 집중하다 보면 어느 순간 위험한 순간을 맞을 수 있다.

10년 전쯤 종합검진을 받았는데 결과는 휴식을 취하라는 것이었다. 매일 여러 회의를 진행하고 많은 사람을 만나다 보니 나도 모르게 몸은 긴장 상태가 지속되었고, 스트레스도 많이 받았던 것이다. '직장을 몇 달 쉬어야 하나?'라는 생각이 들었다. 잠을 많이 자도 피곤하고 열심히 했지만 성과는 나타나지 않았다. 그런데 휴식이 필요하다는 진단을 받았으면서도 어떻게 쉬어야 하는 건지 잘 모르고 있음을 느꼈다.

2019년 보스턴대학교 심리학 강사인 클라우디아 해먼드는 《잘 쉬는 기술》을 출간했다. 자신이 진행하는 BBC 라디오 4 〈마음의 보든 것〉 프로그램을 통해 '휴식 테스트'를 실시했다. 135개국의 1만 8000명의 사람들을 대상으로 휴식에 대해 조사를 진행했다.

가장 휴식이 된다고 여기는 상위 10가지 활동을 소개했다. 조사가 온라인으로 진행되고 40분 가까운 시간을 소요되었다. 참여자가 적극적인 활동을 하는 사람이 많이 포함되어 있다고 볼 수 있었다. 그래서인지 1위가 독서였다. 다음으로 자연 체험, 혼자 있기, 음악 듣기, 빈둥대기, 산책하기, 목욕, 몽상, TV 시청, 명상 순이다.

점진적 이완법을 개발한 시카고 대학교의 에드먼드 제이콥슨은 〈쉬워야 한다〉에서 긴장을 풀게 하는 가장 효과적인 방법이 독서라고 말했다. 무릎 반사 측정을 통해 긴장도를 보는 것으로 독서를 할 때 긴장이 풀어지는 사람이 많았다.

독서는 자신에게 집중하게 하면서 스트레스를 받을 만한 생각이나 환경을 피하게 만든다. 책을 읽는 사람은 신문과 잡지만 읽는 사람보다 평균 2년 오래 산다는 연구 결과도 있다. 자기관리를 잘하는 것이다. 세계인이 꼽은 상위 다섯 개는 대체로 혼자서 하는 활동이다. 자신에게 집중하는 것이 좋은 휴식인 셈이다.

연구를 통해 밝혀진 중요한 점은 많은 이들이 충분한 휴식을 취하지 못한다고 느낀다는 것이다. 응답자의 3분의 2는 휴식이 부족하다고 했다. 왜 그럴까? 과학은 발달하고 소득은 높아졌는데 말이다. 당신은 어떤가? 혹시 어깨가 무겁고 머리가 지끈거리지 않는가? '온전히 쉰다고 느꼈다.'라고 했던 사람들은 '휴식이 더 필요하다.'라고 했던 사람들보다 행복 점수가 두 배가 높았다. 해먼드는 '소크라테스는 바쁜 삶의 황폐함을 경계해야 한다고 주장했다. 항상 바쁘다는 것은 인생의 본질적인 리듬이 빠져 있다는 뜻이다.'라고 이야기했다.

건강보험심사평가원에 따르면 2015~2019년 화병으로 한방병원을 찾은 20대 환자 수는 2015년 856명, 2016년 1천206명, 2017년 1천483명, 2018년 1천537명, 2019년 1천477명으로 5년간 약 2배로 늘었다고 발표했다. 일반 병원을 찾아 우울증 등으로 진료를 받은 인원을 포함하면 더욱 많아질 것이다.

야행성이 뇌가소성을 죽인다

대한민국은 해방 직후에 세계에서 인도 다음으로 가장 못사는 나라였다. 하지만 한국인은 열심히 노력하여 한강의 기적을 일으켰다. 1인당 GDP는 3만 불을 넘었고, 세계에서 무역으로 10위 안에 드는 강대국이 되었다. 발달한 대중교통, 의료 시스템을 세계가 부러워한다. 우스갯소리로 세계 사람은 한국에 놀라는데, 한국 사람만 자신을 비하한다고 한다.

발전에는 항상 양면성이 존재한다. 부동산, 청년 실업, 고령화, 건강 등의 사회문제도 나타난다. 외국을 다녀온 사람이라면 우리나라처럼 안전한 나라가 없다는 것을 알게 될 것이다.

인간의 진화는 여러 환경에 적응하기 위하여 발전했고, 이는 두뇌와 신체 시스템에서도 마찬가지이다. 인류는 수십만 년 동안 생존을 위해 사냥을 했고, 끊임없이 움직여야 했다. 낮에 분주한 활동을 하면서 지친 몸을 충전하기 위하여 안전한 곳을 찾아 잠이 들었다. 뇌와 몸은 수십만 년 동안 수면을 통해 건강을 유지하고 뇌를 잘 활용할 수 있도록 시스템화 되어 있다.

국민건강보험공단에 따르면 수면장애로 병원 등에서 진료를 받은 환자의 수는 2014년 41만 5,502명에서 2018년 56만 8,067명으로 4년 새 36.7% 늘었다. 남성보다 여성 환자가 1.4배가 많고 나이가 들수록 수면장애가 커졌다. 최근에는 20~30대 남성에서 수면장애가 높은 증가율을 보인다. 취업 포털에서 직장인 565명을 대상으로 한 설문조사에 따르면 응답자들의 하루 평균 수면시간은 6시간 6분이었다.

한국인의 수면 시간은 어떨까? 2016년 OECD 통계에서 한국인은 하루에 7시간 41분을 잤다. 평균(8시간 22분)보다 41분 정도 부족한 수치로, OECD 국가 중 꼴찌다. 직장인의 수면 시간은 더 짧은 6시간 6분에 그쳤다. 2017년 한국청소년 정책연구원이 발표한 '아동·청소년 인권실태조사' 결과를 따르면 초등학생 3100명 중 약 33.1%가 수면 부족으로 답했다. 응답자의 절반이 넘는 약 1640명은 미국 수면 재단에서 권장하는 수면 시간(9~11시간)보다 잠이 부족한 것으로 드러났다.

미국 국립수면재단은 초등학생에 권장하는 수면시간은 9~11시간이다. 통계청 통계개발원은 2018년 초등학교 4~6학년의 수면시간은 하루 평균 8.7시간으로 발표했다. 중학생은 평균 7.4시간, 고등학생은 평균 6.1시간으로 점점 줄었다. 잠의 부족한 원인으로 48.9%가 가정학습과 학원 등 공부였다.

수면 보조제와 더불어 수면 경제가 뜬다고 한다. 한국인은 생활을 위해 돈을 벌고, 다시 몸을 치료하기 위해 그 돈을 쓴다고 한다. 문제는 이러한 수면장애가 뇌가소성에 심각한 문제를 일으킨다는 것이다. 성공과 경쟁을 통한 삶의 만족과 발전을 방해하고 있다. 수면을 박탈했을 때 인지장애가 생기는 것은 수면이 뇌를 위한 것이라는 좋은 증거가 된다.

한 연구는 수면 부족이 인지장애의 원인임을 밝혀냈다. 5일 동안 계속해서 잠자는 시간을 5시간보다 적게 하니 48시간 동안 수면하지 않는 것처럼 인지능력이 떨어졌다. 바로 이틀 동안 잠을 자지 않는 것과 같은 상황이었다. 잠을 자는 동안 뇌는 멈추지 않고 아주 활발하게 활동한다. 수면을 통해 두뇌는 낮에 학습한 정보를 처리하고 장기기억으로 저장한다. 해결하기 어려운 문제를 놓고 잠을 자고 난 후에 방법이 떠오른 적이 있지 않은가? 수면을 충분히 취해야만 뇌가소성을 제대로 발휘할 수 있다.

수면 부족은 집중력을 떨어뜨리고, 장기기억을 방해하며 논리적이고 수학적인 두뇌 능력을 저해시킨다. 이런 상태에서 아무리 공부나 업무에 성과를 내려고 해도 어려운 일이 될 것이다. 수면과 두뇌가소성은 분리할 수 없는 관계이다. 수면은 비만과 피부와 관련성도 높다. 수면이 부족하면 음식을 활용하는 능력이 3분의 1로 저하된다. 인슐린을 만들고 포도당을 생산하는 능력이 떨어진다. 동시에 뇌는 포도당을 더 필요로 하는 욕구를 느끼게 되고 신체는 스트레스를 받는다. 스테인리스 포트 대학교의 연구는 수면이 부족한 사람이 비만과 관련한 렙틴 수치가 낮고 반대 호르몬인 그렐린 수치는 높다고 했다.

1,000명의 수면 습관을 조사하여 시험 전날 밤 수면 시간과 호르몬을 조사했다. 잠이 충분하지 않으면 음식을 많이 먹어도 포만감을 느끼지 못한다. 수면이 부족한 상태에서는 음식을 더 많이 먹게 되고 더 살이 찔 수밖에 없다. 수면을 적당히 취할 때 피부는 더 젊고 부드러워지고 생기를 얻는다. 잠이 계속해서 부족하게 되면 노화 과정이 빠르게 진행된다.

건강한 젊은 30대에게 6일 동안 잠을 부족하게 하면, 호르몬의 분비가 60세 수준으로 변한다. 이를 회복하려면 일주일가량 걸린다. 잠을 잘 자야 뇌가소성이 일어난다. 잠을 자게 하는 물질은 뇌의 송과체에서 분비되며 멜라토닌이라는 신경전달 물질이다. 청소년기의 학생은 수면 호르몬인 멜라토닌 분비가 성인보다 2~3시간 늦어져서 아침에 잠이 많이 필요하다. 그래서 서울시, 경기도 교육청에서는 학생들의 첫 수업시간을 늦추고 있다.

멜라토닌은 부교감 신경을 활성화하여 밤사이에 몸을 회복시키는 역할을 한다. 멜라토닌은 우리 몸의 면역 기능을 향상시키고, 바이러스나 세균의 제거가 체내에서 이루어지게 한다. 멜라토닌은 몸을 건강하게 회복시키는 중요한 회복 물질이다. 멜라토닌을 잘 분비하는 좋은 방법은 매일 아침 햇볕을 쬐는 것이다. 멜라토닌은 신체 시계에 의해 15시간 후에 멜라토닌을 분비한다.

저녁이 되면 멜라토닌이 분비되면서 자연스럽게 졸음이 온다. 저녁에 청색광이라고 하는 인공적인 빛은 멜라토닌의 생산을 억제하고 수면을 방해한다.

수면 1~2시간 전에 스마트폰을 멀리하는 것이 뇌가소성을 일으키는 비결이다. 밤늦게 공부나 야근을 할 때 드링크제를 마시는데, 드링크제의 카페인이 각성 효과를 일으킨다. 각성이 일어나는 것처럼 느껴지지만 실제로는 그렇지 않다. 공부나 업무에 집중력을 높이기 위해서는 수면의 질을 높이고, 멜라토닌이 충분히 분비되게 해야 한다. 잠을 푹 자면 낮 동안 뇌가소성이 최대로 발휘될 것이다. 우리 몸을 회복시키는 기적의 회복 물질인 멜라토닌이 뇌가소성을 극대화시켜 준다.

수면이 최고의 뇌가소성이다

수면이 뇌가소성을 일으킨다고 하면 놀랄 것이다. 대부분의 사람은 어렸을 때부터 잠에 대한 잘못된 정보에 노출되었다. 성공한 사람은 잠을 이겨낸 것처럼 보이지만 4당 5락이라는 말이 있듯이 학창시절은 잠과의 전쟁이라고 해도 과언이 아니다.

학창시절에 시험 기간이 가까워지면 학교 수업 후 도서관으로 향했다. 평상시 복습도 하지 않고 시험 기간 공부를 하려면 버거웠다. 새벽 3~4시까지 공부를 한다고 했지만, 시험 성적은 중하위권을 벗어나지 못했다. 중요한 것은 시험 때 공부한 내용이 생각나지 않는 것이다.

아직까지 가장 오해를 받고 있는 뇌가소성의 중요한 요소가 수면이다. 초 경쟁 시대에서 여유롭게 놀고 잠자는 것은 사치라는 생각이 지배적이다. 학생과 직장인의 사정은 비슷하다. 성공하려면 아침 일찍 일어나 늦게까지 공부하고 일해야 한다고 생각한다.

'잠이 최고의 보약'이라는 말이 있다. 잠은 몸과 마음에 큰 영향을 미친다. 수면은 혈압과 심장박동을 낮추는 데 중요하다. 수면이 부족하면 식욕이 잘 조절되지 않고 폭식을 하게 된다. 뇌가소성이 높아지려면 대뇌피질의 전두엽의 활성이 강화되고, 생존 욕구를 담당하는 뇌 영역을 조절해야 한다. 수면이 부족하면 감정 및 음식 보상에 대한 욕구가 증대됨이 연구로 밝혀졌다. 2019년 신경과학저널에서 줄리아 에스 림은 수면 부족시 감정을 담당하는 편도와 배고픔을 조절하는 시상하부가 활발하게 연결된다고 말했다.

하버드 의대 유승식 교수팀은 2007년 수면 부족과 기억력의 상관관계를 규명한 연구를 발표했다. 18세에서 30세 사이의 건강한 사람 28명을 14명씩 2개의 집단으로 나누었다. 한 집단은 하룻밤 동안 수면을 취하지 못하게 하고 여러 장의 사진을 보여주며 기억 여부를 확인했다.

뇌 기능을 fMRI를 통하여 관찰하는 작업을 병행했다. 또한

2007년 18세에서 30세 사이의 건강한 사람 26명을 연구했는데, 12명은 정상적으로 잠을 잤으나, 14명은 35시간 동안 깨어 있도록 했다. 즉 하루 동안 수면을 박탈한 것이다. 다음날 오후 5시에 100개의 이미지를 보여주면서 fMRI로 두뇌를 측정했다. 처음에는 감정적으로 중립적인 이미지를 보여주다가, 점점 혐오스러운 이미지를 보여주었다. 이미지를 보고 감정적인 느낌을 버튼을 눌러 확인했다. 잠을 못 잔 사람들은 정상적으로 잠을 잔 사람에 비해 감정을 담당하는 편도체가 60% 높게 활성화되었다. 특히 부정적인 이미지에 대해서 영향을 많이 받았다.

2017년에는 20~30대의 일본인 남성 18명을 대상으로 이틀간 수면을 박탈하는 연구를 했다. 이틀 동안 3시간만 침대에 있는 시간을 허용했다. 참가자가 졸음 상태에 빠지거나 잠이 들었을 때 바로 잠에서 깨웠다. 잠을 안 자기 위해 격리실 내부를 돌아다니고 글을 읽고 쓰고, 음악을 듣고 TV를 시청하고 게임도 하게 했다. fMRI 측정 및 3시간마다 졸음과 기분에 대한 설문조사를 병행했다. 연구를 통해 단 2일의 단기간 수면 부족이 편도체와 전전두엽 사이의 연결성을 감소시킴이 확인되었다.

하루 이틀의 부족한 수면은 전전두엽과 편도체의 활성화와 연결을 단절시킨다. 인지적인 활동과 정서적인 통제 및 관리에도 어려움을 느낀다. 잠을 자는 밤 11시부터 새벽 1시까지 성장 호르몬은 가장 많이 분비된다. 성장 호르몬은 아이들의 뼈, 연골의

성장을 돕는다. 신체의 성장을 돕는 중요한 호르몬이다. 성장 호르몬은 성인에게도 아주 중요하다. 성장 호르몬이 잘 분비되면 기억력이 증진되고 치매가 예방한다. 성장 호르몬은 깊이 잘 때 분비되고, 낮에는 몸을 움직일 때 분비된다. 잘 자고 많이 움직이는 것이 중요하다.

잠을 잘 자는 방법

1. 햇볕 쬐기

몸의 수면을 담당하는 호르몬은 송과체에서 분비되는 멜라토닌이다. 멜라토닌을 분비하게 유도하는 호르몬이 세로토닌이다. 아침에 햇볕을 쬐면 세로토닌이 분비되고, 저녁이 되면 멜라토닌이 분비된다.

임상심리학자 로빈 헤이트는 해가 떠 있는 낮에 창문을 활짝 열거나 산책으로 햇볕을 쬐는 것이 신체의 리듬을 활성화한다고 했다. 점심시간 후나 오후에 잠깐 틈을 내서 공원을 걸어보자. 행복 호르몬 세로토닌이 뇌와 몸에서 분비된다. 밤에는 멜라토닌이 잘 분비된다.

2. 스마트폰 없애기

몸에는 24시간 주기로 리듬을 관리하는 시교차 상핵이 있다.

낮에는 몸 온도를 올려 각성상태가 되게 하고, 밤이 되면 몸 온도를 낮추어 쉬도록 유도한다. 시교차 상핵의 활동에 가장 큰 영향을 주는 것이 빛이다. 빛을 통해 낮과 밤을 구분한다. 하늘에 있는 해와 유사한 빛이 스마트폰과 TV의 청색광이다. 청색광을 비춰주면 뇌는 아직 낮이구나 인식한다. 스마트폰을 끄고 잠을 자려 해도 뇌는 낮이구나 인식하여 수면을 방해한다.

3. 명상으로 하루를 정리한다

하루 동안 다양한 활동으로 뇌와 몸은 지쳐 있다. 몸은 샤워를 통해 깨끗하게 씻어주지만 뇌는 그렇지 못하다. 몸보다 중요한 곳이 뇌이다. 뇌의 샤워는 명상이다. 하루를 정리하면 뇌가 청소된다. 꼭 눈을 감고 호흡을 해야만 하는 것은 아니다. 읽기, 쓰기도 좋은 명상이다. 짧게라도 뇌 청소도 해주자.

명상에
뇌가소성이 있다

명상이란?

2003년 8월 3일 〈타임〉은 '명상의 과학'을 표제 기사로, 2005년 1월 3일 〈워싱턴 포스트〉는 '명상이 뇌를 충전시킨다'를 신년 특집 기사로 다루었다. 동양에서는 종교적 수행법이나 건강을 관리하기 위해 명상을 주로 이용했다. 서양은 동양과 달리 역량을 계발하고 창조적인 사고를 위해 적극적으로 활용하고 있다.

구글, 애플, 페이스북 등 세계적인 IT 기업이 명상을 사내 복지 프로그램에 도입하고 있는 이유는 무엇일까? 스티브 잡스가 유년 시절부터 30년간 명상을 접하고 생활화한 것은 잘 알려진 사실이다. 명상을 통한 혁신적인 사고는 애플의 성장에 도움이 되었다.

명상이 서양에 도입되는 데 어려움이 없던 것은 아니다. 명상 보급에 크게 이바지한 사람으로 티베트의 영적 지도자인 달라이 라마를 꼽을 수 있다. 1997년 브래드피트가 출연한 〈티벳에서의 7년〉은 오스트리아의 유명 산악인 하인리히 하러가 달라이 라마를 만나 인생이 변하는 영화이다. 달라이 라마는 뇌 과학과 명상에 관심이 많았다. 현대과학과 명상법이 역사적, 문화적, 지적으로 다른 배경을 갖고 있지만, 생명에 대한 존중에서 출발했다. 달라이 라마는 정성껏 꽃을 피우기 위해 씨를 뿌리고, 잘 보살피며 새싹에 물도 주면서 많은 시간과 정성을 들이는 것과 '뇌가소성'에 같은 감정을 느낀다고 했다.

그는 신경과학회 'Society for Neuroscience'의 2005년 연례학술회의에 연설자로 초청받았는데 큰 논란거리가 되었다. 500명 이상의 회원들이 종교가 과학 학술대회에서 참가하면 안 된다며 탄원서에 서명했다. 그러나 달라이 라마는 "정신세계와 과학은 서로 다르지만, 진리 탐구라는 위대한 목표를 공유하며 상호 보완적으로 접근하고 있다."라고 자기 생각을 밝혔다.

명상이란 무엇인가? 명상을 왜 하는가? 사람은 지각을 통해 들어온 정보를 판단하여 행동한다. 지각은 시각, 청각, 촉각, 후각, 미각 등 오감이다. 가장 중요한 감각은 시각으로 대뇌피질의 70~80%까지 연관되어 있다. 왜 시각은 대뇌피질에 퍼져 있을까? 뇌 과학자들은 시각의 감각을 아주 중요하게 여긴다. 보는 것이 만지는 것이라고 할 만큼 시각의 감각은 뛰어난 감각이다. 우리의 감각은 자연의 있는 그대로를 보는 것이 아니라, 각자의 두뇌 구조와 경험에 기초하여 재해석하는 것이다. 똑같은 것을 보더라도 해석은 다를 수밖에 없다.

비워야 채워진다

1900년대 초기에는 사람이 한평생 얻는 정보보다 일간신문의 정보가 훨씬 많다고 한다. 정보의 홍수시대다. 너무 많은 정보가 삶을 황폐화하기도 한다. 좋은 정보보다 나쁜 정보가 훨씬 많아 두뇌 및 신체의 기능에 안 좋은 영향을 미친다. 많은 정보로 자신을 잃어버린다. 자신을 잃어버린다는 것은 뇌가소성을 잃어버린 것이다. 자신을 찾아야 뇌가소성을 살릴 수 있다. 뇌가소성을 찾기 위해 외부에 빠져 있던 감각을 살려야 한다. 이를 위해서는 정보 단식이 필요하다. 대뇌피질의 대부분과 연관된 시각 단식을 하는 것이다.

명상이란, 감을 명(瞑) 사색할 상(想)이다. 눈을 감고 사색하는 것이다. 왜 선조들은 명상이라는 용어를 쓸 때 눈을 감아야 한다고 했을까? 감각 중 시각이 차지하는 비중을 어떻게 알았을까?

대부분 잠을 잘 때만 눈을 감는다. 밤이 되어 졸리면 자고, 눈을 감는다. 아침이 되면 눈을 뜬다. 보통의 행동 방식이다. 시각 피질도 그렇게 훈련받아 왔다. 명상은 의도적으로 나의 뇌의 시각을 차단하는 것이다. 이제까지 뇌는 주인이 의도적으로 시각을 차단한 경험을 갖지 못했다. 음식 단식이 어려운 것처럼, 시각 단식도 쉽지 않다. 뇌는 편한 경로에 익숙해져 있고, 에너지를 적게 소모하는 쪽으로 연결되어 있다. 갑자기 시각을 차단하고 내면을 사색한다는 것이 쉽지 않다. 아주 단순한 행위인 것 같지만, 뇌로 보았을 때는 큰 변화가 일어난 것이다.

2014년부터 서울광장에서 지친 뇌를 쉬자는 의미의 대회가 열리고 있다. 뇌파 측정을 통해 얼마나 뇌파가 떨어졌는시 여부로 상을 준다. 집중력을 강조하는 시대에 집중 안 하는 사람에게 상을 주니 아이러니하다. 비우는 시간이 있어야만 뇌는 더 충실하게 움직인다. 밥을 지을 때 뜸을 들이는 것처럼 휴식도 필요하다. 뇌 과학적으로 이러한 상태를 디폴트 모드 네트워크(Default Mode Network)라고 이야기한다.

1990년대 중반에 마커스 라이클이 세인트루이스 워싱턴대학교 동료와의 연구에서 피실험자의 뇌로 PET 스캐너를 통해 점 하나를 응시하다가 점이 사라지면서 휴식을 취할 때 디폴트 모드 네트워크시 아래의 네 가지 뇌 영역이 동시에 활성화되는 것을 발견했다.

후측 대상회 : 기억과 감정을 서로 연결, 결합시키는 일에 관여한다.

후측 두정엽 : 여러 개의 시각 인상은 하나의 커다란 전체로 결합된다.

해마 : 시각 기억이 견고하게 합쳐지는 핵심 영역이다.

내측 전전두피질 : 가능성과 개연성을 판단·결정하는 역할을 한다.

디폴트 모드 네트워크는 완전히 텅 빈 상태와는 다른 상태다. 라이클은 이 상태는 뇌의 동기 성취 의지를 불러일으킨다고 말했다. 기억과 감각 기능을 연결하여 어떤 과제를 풀기 위해 준비하고 힘을 모으는 과정이다. 이러한 디폴트 모드 네트워크를 활성화하는 시간을 갖는 것은 머리를 비우게 하고 창의성을 깨우는 중요한 시간이다.

하나의 생각을 고집하다 보면 에너지가 막히면서 답이 나오지 않는다. 비우다 보면 답이 나온다. 뉴턴은 사과나무 밑에서 쉬다가 사과가 떨어지는 것을 보고 중력을 발견했다. 무작정 오래 쉰다고 뇌가 창의성 있게 움직이는 것이 아니다. 적절하게 뇌를 비우는 것이 중요하다. 바로 그것이 명상이다. 하루 1~2회 정도 15분씩 아무 방해 없이 휴식을 취하면 뇌는 창의적으로 깨어난다.

상상하면 뇌가소성이 일어난다

시각을 차단하면 상상할 수 있다. 제주도의 성산 일출봉을 떠올려보자. 성산 일출봉을 실제로 볼 때와 눈을 감고 상상할 때의 시각피질은 어떤 차이가 있을까? 눈을 감고 성산 일출봉을 상상할 때도 실제로 보는 것과 같이 시각피질이 활성화된다.

뇌는 정보의 진실을 구분하지 않는다. 망막을 통해 들어온 빛을 시신경을 통해 전기신호로 변환한 다음 시각피질에서 분석한다. 빛이 아니라 전기신호만 동일하게 나타나면 뇌는 시각으로 해석한다. 상상만 해도 전기신호가 일어나는 것이다. 시각뿐만 아니라, 청각, 촉각, 후각, 미각도 똑같다.

상상의 비밀이고 명상의 기적이다. 명상은 뇌가소성을 크게 끌어낼 수 있다. 눈을 감고 정보 단식에 들어가 내면을 바라보라. 호흡을 편안하게 10번 정도 하자. 부정적인 정보는 흘려보내자. 원하는 것이 있으면 강력하게 떠올려보자. 상상의 힘이 뇌에 현실과 똑같은 기전을 일으킨다. 시각으로 원하는 모습을 그려보자. 주위에서 응원하는 소리가 들린다. 가까운 가족, 지인들과 원하는 꿈이 이루어져서 서로 얼싸안고 환호하는 모습이 보인다. 명상은 상상이다. 명상은 뇌가소성이다. 명상으로 변화를 일으킬 수 있다.
명상이란 자신의 내면을 바라본다는 의미가 있다. 자신의 내면을 볼 때 인간의 통찰력을 담당하는 전전두엽이 관리되는 것이다. 최근에 다양한 분야에 명상을 적용한다. 호흡에 적용하면 호흡 명상, 걷기에 적용하면 걷기 명상, 음악 명상, 놀이 명상 등 어느 것이나 명상이라고 할 수 있다.
전전두엽과 관련된 연구가 많으나 대표적인 연구가 티베트 승려에 관한 연구이다. 수십 년간 명상을 한 승려의 좌측 전전두엽이 더 두꺼워졌다. 자비나 지혜를 담당하는 부위로 알려져 있다.

명상의 종류

미국에 처음으로 도입된 명상은 초월 명상이다. 인도의 마하리시 마헤시 요기가 도입한 것으로 종교적인 만트라를 읊조리는 형태를 가지고 있다. 그러다가 하버드 의대의 허버트 벤슨이 쥐를 가지고 연구를 했다. 쥐가 화가 나면 빨간색 전구가 불이 켜지고, 안정화되면 파란색 전구의 불이 켜지게 했다. 이때 초월 명상 연구자들은 자신도 연구해 달라고 요청하여 실험이 이뤄졌다. 실험자들의 안정화 결과는 매우 놀라웠다. 허버트 벤슨은 이 명상법을 적용하면 많은 도움이 될 것이라고 생각해 보급에 나섰다. 그런데 많은 어려움에 봉착했다. 당시 의학계에서는 결핵 등 어려운 질환을 의학적으로 해결하였던 상황이라 검증이 안 된 명상법을 적용한다고 하니 반대가 심했다. 초기에 벤슨의 이완반응 명상은 컬트로 치부될 만큼 안 좋게 여겨졌다. 하지만 명상법을 도입한 여러 기관에서 놀라운 효과가 검증되면서 미국 전역에 보급이 되었다. 이 명상법이 바로 이완반응 명상이다.

이완반응 명상은 만트라나 간단한 의미 있는 문구를 반복적으로 읊조리면서 자신에 내면에 집중하는 명상법이다. 매사추세츠 의과대학의 존 카바 진 박사가 개발한 마음챙김 명상은 명상을 좀 더 실생활에 끌어들이는 계기가 되었다. 기존의 동양적인 명상법을 체계적으로 정리하면서 복식호흡을 이용한 호흡 명상, 걷기를 이용한 걷기 명상, 자신의 몸의 감각을 활용한 바디스캐닝, 외부의 사물을 이용한 건포도 세 알 명상이 대표적이다. 지금은 대기업이나 여러 나라에서 보편적으로 적용하고 있는 명상이 처음에는 적용되는 데 어려움이 많았다. 우리나라에 고유 명상인 뇌파 진동 명상도 주목을 받고 있다. 기존 명상이 주로 정적인 명상이라면 뇌파진동 명상은 동적인 명상과 정적인 명상을 합쳐놔 효과가 높다.

2011년 MBC 스페셜에서 한국식 명상인 뇌파진동 명상을 특집으로 방송했다. 서울대병원 신경정신과 강도형 교수는 "명상에 깊이 들어간 상태를 표현하는 말이 '이완된 각성'입니다. 몸은 이완되어 있고 한곳에 집중된 가장 창조성이 뛰어난 상태죠. 예를 들면 아르키메데스가 '유레카'를 외쳤을 때 생각하지 못한 아이디어가 떠오르는 그런 상태를 만들어준다고 이야기하죠."라고 말했다.

서울대와 한국뇌과학연구원은 3년 6개월 이상 뇌파진동법을 시행한 명상인들과 그렇지 않은 일반인을 측정했다. 스트레스와 심리 반응, 도파민 수치가 관심 대상이었다. 도파민은 긍정적인 상태에서 분비되는 물질이다. 스트레스 지수는 명상 수행자가 56% 낮았다. 그만큼 스트레스를 덜 받는다는 것이다. 행복 호르몬이라는 불리는 도파민 수치는 명상 수련자가 29% 더 높은 것으로 측정되었다. 결과는 2010년 7월 세계적 학술지 〈뉴로사이언스 레터〉에 게재되었다. 명상이 스트레스 관리에 효과가 있다는 한국 과학계의 규명이 전 세계에 보고되었다.

뇌파진동은 전통문화인 국학에서 나온 것으로 우리 선조들이 했던 심신 수련을 현대화한 뇌 교육의 대표적인 훈련법이다. 연구에 따르면 뇌파진동 명상을 했을 때 전전두엽 피질이 두꺼워지고 인지적 집중력이 향상되었다. 아이에게 도리도리 짝짜꿍을 할 때 고개를 좌우로 들리듯이 고개를 돌리면서 몸의 움직임에 집중하면서 마음과 생각을 비우는 방법이다. 간단하면서도 효과가 아주 좋은 명상법으로 세계 곳곳에서 보급되고 있다. 뇌파진동 명상법이 전전두엽을 활성화하는 좋은 방법으로 알려져 있다.

강도형 교수는 뇌파진동 명상의 효과를 달리기에 비유하며 "뇌에서 달리기를 열심히 하는 사람이 달리기를 잘할 때 생기는 근육처럼 몸과 마음의 밸런스를 잘 균형해서 조절하는 뇌 기능이 더 향상되는 거죠. 그것을 통해서 그 기능을 하는 뇌 부위가 감정을 조절하는 것이고 그러면 감정 조절이 더 잘되고 쓸데없는 스트레스를 안 받습니다. 그렇게 쓰는 에너지가 적음으로써 조금 더 쉽게 주의집중을 할 수 있고 이런 메커니즘을 통해서 뇌 기능이 발달하는 것입니다."라고 말했다.

자연에서의 명상

사람은 어디에서 왔는가. 자연에서 왔다. 자연의 맑은 에너지는 사람에게 좋은 에너지를 주고 가소성을 만드는 중요한 요소이다. 주말이면 산으로 바다로 사람들이 몰린다. 자연은 사람에게 휴식을 준다. 자연에 가면 맑은 하늘을 볼 수 있다. 초록으로 빛나는 나뭇잎을 보면 눈이 맑아진다. 피톤치드를 내뿜는 나무는 후각을 정화시키고 몸의 감각을 살아나게 한다.

흙을 밟으면 내면의 감각이 살아난다. 하늘, 땅, 나무의 자연은 사람에게 자연 이상의 풍족함을 전해준다. 우리는 자연에서 왔다. 자연을 살리지 못하면 가소성은 죽는다. 과학이 아무리 발전하더라도 인류는 동물과 같은 생명체다. 자연의 에너지를 받지 않으면 생존할 수 없다. 가장 빨리 뇌가소성을 회복하는 것은 자연의 흐름을 어긋나지 않는 것이다.

3시간 정도 숲속에 있으면 몸의 탁한 에너지가 정화된다. 주말이면 시간을 내서 자연과 하나되는 시간을 갖자. 도시에서 생활하면 혼잡함과 많은 정보로 에너지 자체가 탁해진다. 뇌파가 안정화될 수가 없다. 정보 차단을 위해 자연으로 가자. 자연의 소리에 귀 기울여보자. 새가 지저귀는 소리를 들어본 적이 언제인가. 새의 지저귐을 들어보라. 나뭇잎 흔들리는 소리를 들어보자. 등산은 온몸을 쓰는 아주 좋은 운동이다. 등산하면 전신운동이 된다. 많은 사람이 산을 찾는 이유이다. 돈도 안 들고 뇌가소성을 향상시킬 수 있다.

한국처럼 도시에서 조금만 이동하면 곳곳에 산이 있는 나라가 없다. 얼마나 행운인가. 가까운 산으로 등산을 하자. 가벼운 산책도 좋다. 자연으로 가면 모든 오감을 깨울 수 있는 좋은 장소가 된다. 숲속 한가운데서 명상을 하자. 몸의 주파수가 자연과 공명한다.

텔레비전이나 라디오도 주파수가 공명하면 해당 채널이 나온다. 나는 왜 나쁜 사람만 만날까. 나는 왜 안 좋은 일만 경험할까? 나의 주파수가 그러한 채널과 공명하는 것은 아닐까? 가장 좋은 주파수는 자연의 주파수다. 자연은 거짓말을 하지 않고, 엄마처럼 품어준다. 자연이 힘들어하고 있다. 북극의 곰들이 먹잇감이 없어져 힘들어 하고, 남극의 펭귄들이 얼음과 눈 부족으로 흙을 뒤집어쓴 영상이 뉴스로 나왔다.

온난화로 인해 각국의 연구소들은 위험을 공지한다. 몇십 년이 지나면 인간이 살 수 있는 지역이 몇십 퍼센트 줄어든다는 경고를 한다. 유엔에서는 환경오염이 이대로 가면 50년 안에 지구의 수명이 다할 것이라고 한다. 지구와 자연이 없다면 인간의 뇌가소성이 무슨 필요가 있을까? 우리는 어떻게 해야 할까? 인간은 지구에서 할 수 있는 게 없을까? 지구 환경을 원래대로 만들어 놓기에는 어려운 상황일까? 각성이 필요한 때이다.

호흡하면서 명상하자

호흡은 생명과 다름없다. 숨이라고 한다. 음식은 몇 주간이나 먹지 않아도 생명을 지속할 수 있지만, 호흡은 몇 분간만 멈춰도 뇌와 생명에 치명적인 영향을 미친다. 뇌는 몸의 20~25% 산소를 사용한다. 그러므로 호흡은 뇌가소성을 일으키는 데 결정적인 역할을 한다. 폐는 산소를 받아들여 이산화탄소로 내보낸다. 산소는 포도당과 함께 뇌가소성을 일으키는 중요한 요소가 된다. 산소를 제때 풍족하게 공급해주어야 뇌가 빠르게 회전하고, 몸도 즉각적으로 반응하여 가소성을 일으킬 수 있다.

가슴호흡은 산소를 20%밖에 활용하지 못한다. 스트레스가 많으면 가슴으로 호흡을 하고 어깨가 올라가고 긴장된 호흡을 한다. 산소를 잘 활용하지 못하니까 긴장하고 뇌가소성은 떨어진다. 가슴과 복부를 나누어주는 횡격막이 있다. 횡격막이 상하 운동을 하게 되면 복부까지 산소가 들어온다. 공기를 크게 들이마시고 내쉬어보라. 횡격막이 올라가고 숨이 크게 들어온다. 복식호흡을 할 때 산소의 70% 이상을 활용할 수 있다. 자연 속에서 호흡을 크게 하면 좋은 산소를 더 잘 활용할 수 있다. 산소는 영양과 함께 뇌와 몸을 잘 활용하는 요소이다.

숨을 어떻게 하면 잘 쉴 수 있을까? 긴장을 풀고 몸에 집중해야 한다. 숨은 연수에서 우리의 의지와 상관없이 계속해서 진행하고 있다. 긴장과 스트레스 속에서 살면 호흡이 안정되지 못한다. 스트레스가 계속 쌓이다 보면 가슴이 답답하고, 숨이 가빠진다. 그 숨이 더욱 막히면 목까지 올라가고 목숨이 위험할 수 있다.

호흡하기 전에 장을 두드려 주고, 손으로 눌러주면 좋다. 위를 넘어 소장으로 이어진 장은 대장으로 만난다. 배꼽 아래부터 하행결장, 횡행결장, 상행결장을 지나 왼쪽 아래 직장으로 빠져나간다. 순서대로 가만히 손으로 눌러보자. 누르다 아픈 곳이 있으면 그쪽이 막힌 것이다. 딱딱한 곳이 있다면 변비가 있을 수 있다. 이렇게 아프고 막힌 상태에서 호흡이 잘될 수 없고, 가소성이 일어나기도 어렵다. 음식을 적당히 먹고, 호흡을 잘하면 건강해지고 뇌가소성의 속도가 아주 빨라진다.

눈을 감으면 자신에게 집중할 수 있다. 눈을 조용히 감고 호흡에 집중해보자. 자세를 가다듬으면 자신 안에 호흡을 느낄 수 있다. 호흡이 생명이고 뇌가소성이다. 호흡을 너무 천천히 할 필요는 없다. 자신에게 맞게 오직 긴장을 푼다는 마음으로 호흡에 집중하는 것이다. 저절로 뇌와 몸이 알아서 반응할 것이다. 호흡하면 뇌가소성이 일어난다. 브레인 짐(Brain Gym)을 만든 폴데니슨의 뇌 체조나 마음챙김 명상법도 역시 복식호흡을 강조하고 있다. 복식호흡으로 뇌가소성을 일으켜보자.

정보에
뇌가소성이 있다

플라세보에 뇌가소성이 있다

우리는 오감을 통해 정보를 받아들인다. 시각은 가시광선의 주파수만 볼 수 있고, 청각 또한 들을 수 있는 주파수의 한계가 있다. 있는 그대로 경험하는 것이 아니라 자신이 받아들이는 것만 변형하여 받아들인다. 개인의 정보와 경험에 따라 지각은 변화한다.

한 가지 예를 들어보자. 어렸을 때 집이 가난했다고 가정해보자. 보름달이 환하게 뜨면 잠이 잘 안 들어 배고픔이 더하다. 부유한 집안에서 자란 친구가 본 달은 분명히 다를 것이다. 부유한 친구는 달을 보면서 어렸을 적 배부르고 행복했던 기억을, 가난한 친구는 배고프고 애달팠던 어릴 적 기억이 날 것이다. 똑같은 보름달을 보지만 일어나는 현상은 다르다. 어릴 때의 정보에 따라 경험과 해석을 다르게 한다. 정보에 따라서 뇌는 다르게 반응한다.

뇌 과학에서는 이러한 현상을 플라세보 효과라고 한다. 감기약 환자 100명에게 감기약을 준다고 하면서 50명에게는 밀가루를 주고, 50명에게는 진짜 감기약을 주었다. 며칠 후에 감기 환자들의 효과를 측정하였다. 어떻게 되었을까? 감기약을 먹은 사람과 밀가루를 먹고 효과를 본 사람의 숫자가 같았다. 어떻게 된 것일까? 밀가루가 감기약의 효과를 낸 것이다. 뇌가 밀가루를 감기약이라고 믿으면서 뇌에서 치료하는 물질이 분비된 것이다.

뇌에는 이러한 현상이 분명히 존재한다. 손 위에 동전을 올려놓고, 눈을 감고 암시를 준다. 동전 온도가 몇 백 도나 뜨겁다고 이야기를 해준다. 동전을 쥔 손에 물집이 잡히고 화상이 생긴다. 뇌는 이토록 놀랄만한 현상이 있다. 이와 반대가 노세보 효과다. 신선한 우유를 먹으면서, 한 집단은 배가 아프다고 신호를 보낸다. 그러면 같이 먹은 사람도 배가 아프다고 한다. 어찌 된 일일까. 정보를 지배하기 위해서는 뇌를 잘 활용해야 한다.

웃음에 뇌가소성이 있다

웃음은 묘약이다. 진화로 보았을 때 동물의 감정에 대한 주요한 특징은 투쟁 혹은 도피이다. 즉 싸울 것인가 도망갈 것인가이다. 인간은 더 진화했다. 웃음으로 나는 당신의 적이 아니라고 회유한다. 웃음은 당신과 내가 한편이니 안심하라는 것이다. 우리의 뇌는 20%의 산소를 소비한다. 숨은 인간에게 가장 필수적인 생명 활동 중 하나이다.

복식호흡을 통해 산소를 보다 적극적으로 원활하게 받아들일 수 있다. 웃음을 우리말로 풀이하면 가장 위에 있는 숨이라는 뜻이다. 가장 좋은 호흡이라는 말이다. 웃음은 나와 남을 적으로 보지 않고 친구로 볼 수 있을 만큼, 긴장을 풀어줄 수 있는 매개체이다. 중국 속담에 웃지 않은 사람과 장사하지 말라는 말이 있다. 우리 뇌는 알고 있다. 웃지 않는 사람은 적이라는 것을 그렇기에 웃음은 뇌가소성을 일으키는 아주 중요한 요소이다. 어린아이는 하루에 300~400번 웃는다고 한다.

어린아이는 성장 속도도 빠르고 면역력도 강하다. 웃을 때는 우리 몸의 근육 365개 중에서 200여 개가 작동한다. 얼굴에는 수많은 경동맥의 경로가 있어 웃으면 뇌가 활성화한다. 웃음에 관한 다양한 연구가 있다. 웃을 때 나오는 호르몬을 조사했더니, 금액으로 약 2,000만 원 정도의 효과를 보인다고 한다. 이보다 더 좋은 것이 어디 있을까? 웃는다는 것은 기분이 좋다는 것이다. 기분이라는 것은 에너지의 분배가 잘 된다는 것이다.

한쪽에 무언가 쏠려 있으면 병목현상으로 막히게 된다. 호스가 중간에 막히게 되면 물이 잘 흐르지 않는다. 물이 흐르지 않으면 악취가 나고 썩게 된다. 기분이 좋고, 에너지가 잘 흘러야 웃을 수 있고 가소성이 일어난다. 웃을 때는 호흡이 절로 된다. 웃을 때는 복부가 저절로 운동이 된다. 뇌는 진짜 웃음과 가짜 웃음을 구별하지 않는다. 웃으면 우리 몸은 거기에 반응한다.

제임스-랑게 이론이 있다. 미국의 연구자가 재미있는 웹툰을 보여주었다. 첫 번째 팀은 그대로 보여주고, 다른 한 팀은 입에 볼펜을 물게 하였다. 첫 번째 팀도 웹툰이 재밌다고 했으니, 입에 볼펜을 물고 웹툰을 본 팀은 정말 재미있다고 반응을 했다. 웃으니까 즐거워진다는 이론이다.

성인은 하루에 3~4번 정도 웃는다. 그것도 웃지 않는 사람도 많다. 웃음보다 더 뇌가소성을 일으키는 비결은 없다. 호르몬을 생성해서 뇌가소성을 일으키자. 자신 안의 무한한 가소성을 일으키자. 근육이 움직이고 뇌가소성이 일어난다.

행복에 뇌가소성이 있다

공부하고, 일하고, 노력하는 이유를 물어보면 성공하기 위해서라는 답을 들을 수 있다. 성공하면 행복해질 수 있다고 믿는다. 행복이란 무엇일까? 바로 행복은 뇌의 생리적인 욕구이며 행복은 뇌가소성의 중요한 요소이다.

행복한 뇌가 될 때 긍정적인 방향으로 뇌가소성이 일어난다. 인지 능력이 좋아지면서 일과 공부에서 좋은 결과를 얻게 된다. 심리적으로는 여유가 생겨 인간관계도 좋아진다. 행복한 뇌가 되면 자신과 주위에 잘 집중하게 되고 더 행복해질 수 있는 선순환의 고리가 생긴다. 반대되면 불행의 고리가 생기게 될 것이다.

뇌는 생존에 도움이 될 때 행복감을 느끼도록 수백만 년간 진화했다. 배가 고플 때 식사를 하고, 잠이 오면 자고 배변을 잘하면 뇌에서 행복 호르몬이 분비된다. 생존에 도움이 되도록 뇌의 메커니즘이 발전한 것이다. 불행한 이유는 기본적인 행복 시스템에서 벗어나는 행위를 하기 때문이다. 너무 많은 것을 억지로 하므로 점점 행복에서 멀어지는지 모른다. 때로는 속도를 멈추고 자연의 순리에 맡기는 것이 좋은 방법일 수 있다.

행복할 때는 어떤 뇌가 작동할까? 여러 연구가 있지만 미국의 뇌 과학자인 안토니오 다마지오 박사는 행복을 느끼는 뇌는 전대상회라고 한다. 그는 행복할 때와 슬펐던 때를 회상하게 하며, 양전자 방사단층 촬영으로 뇌의 활동을 연구했다. 행복하면 전대상회가 슬플 때는 후대상회가 반응했다. 대상회는 뇌량의 위쪽에 위치하며 공감 및 감정에 중요한 역할을 한다.

다마지오 박사는 많은 실험 참가자들이 멋진 상대와 연애를 하거나 결혼할 때가 행복감을 크게 느끼는 시간이었다고 했다. 첫사랑만 생각하면 가슴이 뭉클해지고 그 시간이 그리워지기도 한다. 생존과 번식은 생명체의 가장 중요한 요소이다. 그래서 사랑과 연애는 행복감이 크게 작용한다. 사랑하면 호르몬 분비가 활발해지면서 얼굴이 밝아지고 미소가 많아진다. 사랑하면 예뻐진다는 이야기는 근거가 있다.

사랑은 많은 어려움을 극복하고 목표를 이루게 하는 큰 원동력이 된다. 사랑하게 되면 뇌가 변하고 창조의 힘이 생긴다. 남성 호르몬인 테스토스테론은 활력을 만들고 정렬적으로 변하게 한다. 또한 여성 호르몬이 에스트로겐이 잘 분비되어야 피부와 혈액순환이 좋아진다.

미국의 초원지대에 서식하는 들쥐는 일부일처제로 신뢰감과 끈끈한 결속력을 형성한다. 수컷은 암컷을 철저히 지키고 서로 협조하며 새끼를 양육한다. 반대로 산 들쥐는 일부다처제로 수컷은 자기중심적으로 난잡하게 행동한다. 수컷은 양육에 관심이 없고 암컷도 잠깐만 새끼를 돌본다. 초원 들쥐는 생식에 중요한 호르몬인 바소프레신과 옥시토신의 분비량이 많았다. 반면 산 들쥐는 호르몬의 분비가 적었다. 바소프레신과 옥시토신의 호르몬이 끈끈한 유대감을 형성하는 데 도움이 되는 것이다.

칭찬에 가소성이 있다

말에는 뇌가소성이 있다. 사람은 언어를 사용할 수 있는 유일한 생명체이다. 동물도 의사소통을 위해 간단한 언어를 사용하지만, 인간처럼 섬세하고 다양한 표현을 할 수 있는 생명체는 없다. 언어는 통합적이고 입체적인 감각이다. 그래서 언어는 망각의 힘이 있다. 우리 뇌는 진실과 거짓을 구분하지 못한다.

감각을 통해 정보가 들어오는 것처럼 눈을 감고 상상만 해도 뇌회로에 전기신호가 들어와 똑같은 작용을 한다. 말도 진실과 거짓의 구분 없이 동일하게 반응한다. 그래서 뇌의 힘이 필요하고 뇌가소성이 필요하다. 한국인이 좋아하는 고기 중 가장 좋아하는 부위가 소의 등심이다. 꽃등심이라고 하면 입에서 침이 분비된다. 그러나 소 사체라고 해보자. 고기 맛이 떨어질 것이다.

《칭찬은 고래도 춤추게 한다》라는 책이 베스트셀러로 많은 인기를 누렸다. 왜 칭찬은 고래도 춤추게 한다고 했을까? 말은 강력한 뇌가소성을 표현하기 때문이다. 우리나라 속담에 '말 한마디가 천 냥 빚을 갚는다.'라고 한다. 말에는 어떠한 힘이 있을까?

일본의 과학자 마사토에모루는《물은 답을 알고 있다》라는 책을 내었다. 우리 몸에서 물이 차지하는 비중이 70%이다. 유리컵에 물을 담은 다음, 글을 적어서 물컵에 붙여 놓았다. 좋아해, 사랑해 같은 칭찬에 글귀를 적어 놓은 물은 건강한 육각수로 변한다. 못생겼어, 죽어버려, 미워 같은 미움의 글귀를 받은 물은 건강하지 못하고 어둡고 형태가 찌그러진다. 더욱 놀라운 것은 겉으로 표현하지 않고 마음으로 이야기를 해도 물은 반응한다는 것이다. 상상과 일치하는 부분이다. 모든 것은 공명하기 때문이다.

MBC에서 한글날을 기념으로 같은 실험을 했다. 밥을 작은 유리통 안에 넣은 다음 한쪽에는 칭찬을 해주고 다른 쪽은 미움을 주었다. 2주일 후에 유리통을 보았는데 결과가 어떻게 되었을까? 칭찬을 받은 밥은 예쁜 곰팡이가 피었고, 미움을 받는 곰팡이는 형태가 어지럽고 검은 색깔의 곰팡이가 피었다. 언어는 모든 감각의 결정체이다. 칭찬하면 도파민이 생성된다. 주위에서 칭찬을 해주지 않으면 자신에게 칭찬을 해주어야 한다. 뇌는 구분하지 않는다. 자신을 칭찬하려면 어떻게 해야 할까?

작은 목표를 세우고 실천하는 습관을 가져야 한다. 목표를 높게 세워서 달성이 안 되었다고 해도 실천한 부분에 대해 긍정을 해주면 도파민이 나온다. 뇌는 비교하는 순간 불행해지며 뇌가소성을 잃어버린다. 주위에 나보다 누가 성적이 잘 나왔다고, 아파트 평수가 넓다고, 승진이 빠르다고 비교하는 순간 도파민은 분비되지 않는다. 경쟁을 통해 발전하는 부분이 있기에 적당한 경쟁은 필요하다.

치열한 경쟁에 몰입한 나머지 자신을 잃어버린 사람이 많다. 우리는 행복하고 발전하기 위해서 경쟁하고 있다. 행복과 발전을 놓치는 경쟁은 의미가 없다. 자신이 노력하고 땀 흘린 만큼 칭찬을 해주어야 한다. 그때 도파민 호르몬이 잘 분비된다. 그러면 뇌의 안 좋은 에너지가 정화되고 좋은 쪽으로 변환된다. 우리는 모두 언어의 뇌가소성을 알고 있다. 말을 통해 뇌가소성을 극대화시킬 수 있다. 자신에게 용기를 주자. 글로 써도 좋고, 말로 표현해도 좋다. 상상만으로도 뇌는 충분히 알아듣는다. 뇌는 입력한 데로 출력이 된다. 언어를 통해 뇌가소성을 일으켜보자.

4장

뇌가소성의 목표

Brain Plasticity

BTS처럼 뇌 교육을 받자

고욤나무가 감나무 되다

뇌가소성을 발휘한 사람의 뇌는 어떨까? 기능성 자기공명영상장치를 통해 생각하고 느끼고 행동할 때 뇌가 어떻게 작동하고 활동하는지를 알게 되었다. 뇌가소성을 발휘하는 사람은 끊임없이 노력한다.

사람들은 보통 뇌를 잘 인지하지 못하고 학창시절에 배운 구조로만 기억한다. 아니면 특수하게 어려운 정보라고 생각한다. 하지만 잘못된 생각이다. 뇌가소성은 누구에게나 그 문이 열려 있다. 그 문을 활짝 열고 들어가 알라딘의 요술램프를 문지르자. 무엇을 하든 뇌는 활성화되고 변한다. 뇌가소성을 잘 발휘하는 사람은 변화의 과정을 주도하고 어려움에 포기하지 않는다.

뇌는 어떻게 사용하고 훈련하느냐에 따라 변화한다. 안 좋은 일이 생겼다고 기가 죽은 채로 있다면 뇌에 영향을 준다. 계속 걱정을 한다면 신경 구조가 부정적으로 변한다. 실제로 지속적인 스트레스와 우울증은 전두엽과 측두엽에 수축의 원인이 된다. 긍정적이고 적극적으로 행동하면 유익한 뇌 구조로 변할 것이다. 뇌가소성을 잘 활용하는 사람은 어떤 일이든 수용적으로 받아들인다. 자기가 생각하고 꿈꾸는 대로 뇌를 변화하여 뇌가소성을 잘 활용한다. 목표를 이루는 데 뇌를 사고하고 관리한다. 안 좋은 일이 일어나도 유연하게 대처하고 쉽게 해결하는 것처럼 보인다. 뇌가소성을 잘 발휘하는 사람은 끊임없이 노력하는 경향이 있다.

"피아노 연주를 싫어하고 관심도 없는 상태에서, 하루에 한 시간씩 피아노를 치라고 강요받는 아이는 피아니스트로 성공하기가 어려울 것이다. 그러나 음악을 좋아하고 연주에 관심이 있으며 성공할 수 있다는 잠재력을 깨달은 아이는 충분한 연습시간을 가장 중요하게 여겨 몸이 피곤한 날에도 연습을 게을리 하지 않을 것이다. 그리고 꾸준히 노력한 결과 결국엔 숙련된 연주자가 될 것이다."라고 이야기했다.

피아노가 아니라 그것이 기타나 첼로여도 아무 상관이 없다. 또한 수학이나 과학이어도 마찬가지이고 축구, 야구 등 좋아하는 분야에 관심을 가지고 꾸준한 연습을 하는 것이 중요하다.

감나무는 가을이면 울긋불긋 풍성한 열매를 맺는다. 열리는 모습이 풍성하여 보기 좋아 관상수로 심기도 한다. 그래서 시골 동네에 가면 감나무를 보기 쉽다. 감나무과에 속하지만 종이 다른 고욤나무가 있다. 감나무보다 추위에 강하고 씨앗만 뿌리면 잘 자라고 성장이 빠르다. 그래서 감나무를 키울 때 고욤나무의 뿌리와 감나무를 접목해서 키운다.

고욤나무는 떫고 크기가 작아 먹기는 부적합하다. 접붙이기할 때는 고욤나무의 가지를 완전히 잘라 감나무 가지를 접붙여야 한다. 완전히 자를 때 고통과 아픔이 따른다. 적당히 자르면 고욤나무가 되고 만다. 고통과 아픔은 자신을 성장시키는 열쇠이다. 뇌가소성을 위해 습관과 장애를 과감히 버려야 한다. 정성과 온 마음으로 꿈과 하나가 되자. 그래야 감나무처럼 풍성한 뇌가소성이 일어난다.

한 알의 씨앗이 자라 풍성한 열매를 맺는다는 것을 알고 있다. 땅 속에서 추운 겨울을 이겨내고 나면 따뜻한 봄의 햇살이 비추면서 싹을 틔운다. 지금 나는 작은 씨앗에 불과하지만, 씨앗 안에는 무한한 가능성이 있다는 것을 알고 있어야 한다. 빙산의 일각은 아주 작지만 많은 부분이 보이지 않게 숨어 있다. 누구나 빙산처럼 큰 가능성을 가지고 있다. 그것을 꺼내는 것은 자기 자신뿐이다. 자신이 원하는 진정한 꿈을 위해 뇌가소성을 펼치자. 뇌가소성은 고욤나무가 감나무가 되는 이치이다. 풍성한 감나무가 되어 보자.

BTS가 배운 뇌가소성 법칙

글로벌 사이버대학교 이승헌 총장은 뇌운영시스템인 BOS(Brain Operating System)를 개발했다. 뇌가소성을 잘 활용하기 위한 조건으로 'BOS 5' 법칙을 제시했다. BTS가 필수 과목인 뇌 교육에서 배웠던 내용이다. 바로 브레인가소성의 비결이다. 코리안스피릿 〈지금 나의 뇌가 나의 뇌인가?〉라는 칼럼을 통해 이 법칙을 소개했다.

<BOS 제1법칙> 정신 차려라!

"호랑이에게 물려가도 정신만 차리면 산다."라는 조상의 지혜에서 정신 차리라는 의미를 이해하게 된다. 여러 가지 정보에 의해 감정과 생각에 빠지면 뇌와 자신의 가치를 잃어버린다. 정신을 차리고 뇌를 활용하기 위해 집중하자.

<BOS 제2법칙> 굿 뉴스가 굿 브레인을 만든다.

뇌는 사용하기 나름이다. 뇌는 주어진 정보에 따라 반응한다.

좋은 정보를 주면 뇌는 거기에 반응한다. 나쁜 정보보다 좋은 정보를 뇌에 주자.

<BOS 제3법칙> 선택하면 이루어진다.

중요한 것은 선택이다. 선택하지 않으면 아무것도 이루어지지 않는다. 선택은 자신을 성장시키는 열쇠이다. 선택하고 집중하면 꿈은 이루어진다. 건강과 행복을 함께 나누는 꿈을 꾸자.

<BOS 제4법칙> 시간과 공간의 주인이 되어라.

누구에게나 시간과 공간은 제한적으로 주어진다. 그 시간과 공간을 어떻게 활용하느냐에 따라 결과는 크게 달라진다. 수동적으로 반응하는 것이 아니라 적극적으로 시간과 공간을 활용하자.

<BOS 제5법칙> 모든 환경을 디자인하라.

인생의 주인공이 되어야 한다. 인생이라는 무대의 주연배우임을 잊지 말자. 나에게 주어진 환경을 적극적으로 디자인하자.

이승헌 총장은 "뇌는 꿈과 희망을 먹고 산다. 꿈과 희망은 뇌의 비타민이다. 뇌의 주인으로 살기 위해서는 매일 매 순간 뇌에게 꿈과 희망이라는 비타민을 주어야 한다. 인생이란 사람들과 더불어 사는 과정이기도 하지만, 자신의 뇌와 만드는 합작품이기도 하다. 꿈과 희망을 갖고 BOS 5법칙을 알고 실천한다면 당신의 뇌와 함께 꿈을 이루고, 원하는 인생을 창조할 수 있다."라고 말했다.

'당신은 당신의 뇌와 어떤 인생을 창조하고 싶은가?' 이 질문에 답하기 전에 자신에게 먼저 물어야 한다. '나는 지금 나의 뇌의 주인인가?'

인생은 속도가 아니라 방향이다

한국의 청소년들을 대상으로 정직 지수 조사를 진행했다. "10억 원이 생긴다면 1년 정도 감옥에 가도 괜찮다."에 대하여 답을 하는 것으로 10억 원을 벌기 위해 정직하지 않은 일을 해도 괜찮은가에 대한 질문이다. 몇 %가 그렇다고 대답했을까? 초등학생은 16%인데, 중학생이 되면 두 배가 증가한 33%이다. 고등학생은 두 명 중의 한 명인 47%가 동의했다. 물질 우선주의가 낳은 폐해가 심각한 상황이다.

하버드대 박사인 임마뉴엘 페스트라이쉬는《인생은 속도가 아니라 방향이다》라는 책으로 화제를 불러일으켰다. 다른 사람보다 자신이 더 잘 살아야 하고 누가 땅을 샀다고 하면 배가 아프다. 성공만이 인생에서 추구해야 할 것이 아니라 배려와 함께 사는 공존이 필요하다는 것이다. 또한《한국인만 모르는 다른 대한민국》이란 책에서 한국인의 우수함에 대해 이야기했다. 한국의 전통문화의 우수성과 뛰어난 민족성에 대하여 놀라워했다. 그러나 정작 한국인만 모른다는 내용이다. 외국에서는 해방 직후 세계에서 가장 못사는 나라에서 세계 10대 경제대국을 이룬 업적에 한강의 기적 등 찬사의 메시지를 주지만 정작 우리는 스스로를 비하하고 있다.

지구와 자연은 하나이다. 사람도 자연에 속한 생명체로 지구의 입장에서는 하나의 생명체에 불과하다. 인간은 뛰어난 두뇌로 지구의 정복자가 되었지만, 과학의 발달로 인류는 지구에 엄청난 재앙을 일으켰다. 몇십 년 만에 지구의 온도가 올라갔으며 태평양에는 많은 양의 쓰레기 덩어리가 떠다니고 있다. 그러던 중 코로나 19로 지구 문명이 잠시 멈춘 사이에 수십 년 만에 인도의 도시에서는 히말라야를 보게 되었다. 인간은 지구에 희망이 될 수 있을까?

BTS가 배운 뇌 교육은 한국식 명상에 뇌 과학을 통합한 새로운 학문이다. 기존의 지식만 습득하는 교육이 아니라 신체, 정서, 인지를 통합적으로 체험하는 학문이다. 뇌 교육은 한국뿐만 아니라 해외에서 인기가 높다. 글로벌 사이버대학교 뇌교육융합학과 장래혁 교수는 '브레인미디어'에 중남미 엘살바도르에 퍼진 한국의 뇌 교육을 소개했다.

2018년 9월, 중남미 엘살바도르 정부는 한국의 이승헌 글로벌

사이버대학교 총장을 자국에 초청해 정부 최고상인 '호세 시메온 까냐스'를 수여해 국제 사회의 주목을 끌었다. 내전과 빈곤, 폭력 등 살인율 1위 국가로 알려진 엘살바도르에서 교육 한류의 기적이 일어난 것은 MBC 다큐멘터리 등을 비롯해 국내에 소개되기도 했다.

중남미에 위치한 엘살바도르는 오랜 기간 내전에 시달리면서 실업과 빈곤, 사회 갈등, 마약과 살인, 폭력이 난무하고 치안이 불안하며, 교육 여건 또한 매우 좋지 않은 나라이다. 성인이 되면 대부분 갱단과 연관된 생활을 하게 되어 꿈과 희망을 찾아보기 힘들었다.

자국의 열악한 교육 환경을 바꾸기 위해서 유엔 주재 엘살바도르 대사가 2011년 1월 UN 본부에서 열린 뇌 교육 콘퍼런스에 참석했다. 현장에서 뇌 교육 사례와 성과 발표를 본 엘살바도르 대사는 UN를 통해 뇌 교육 국제 원조를 요청했다.

이후 명상을 통해 자신의 내면에 관심을 갖기 시작하면서 희망, 꿈과 같은 단어들을 이야기하는 빈도가 높아졌다. 말썽을 피우던 학생들이 경찰과 함께 교통안전 캠페인도 진행하고 마약을 끊은 학생도 생겨났다. 그뿐만 아니라 전국 학교 평가에서 늘 꼴찌였는데 수학 부문에서 1등을 차지하는 기적적인 스토리가 엘살바도르 교육계에서 큰 화제를 불러일으켰다.

한국에서 시작한 뇌 교육의 성과가 도입 2년 만에 엘살바도르의 전국 학교로 확대되면서 정부 차원의 지원이 전격적으로 결정된 것이다. 엘살바도르 교육부의 재정적 지원이 이뤄져 전국적으로 확대한 결과, 2018년 말 현재 1800여 개교에 뇌 교육이 보급되었다. 현재 엘살바도르에는 약 2,500명의 뇌 교육 교사가 프로그램을 이수해 진행하고 있으며, 이는 엘살바도르 전체 공립학교의 30%에 해당하는 규모다.

2020년 8월 글로벌 사이버대학교는 인도네시아 대표적인 사립대학인 비누스 대학과 국제교류협약을 체결하고, 2학기부터 비누스 대학생들이 해당 대학의 'K명상: Brain Education Meditation' 원격과목을 수강한다고 밝혔다. 이승헌 총장은 "코로나19로 전 세계 대학들이 차별화된 비대면 원격 콘텐츠에 많은 관심을 기울이고, 특히 코리아 브랜드 상승에 따라 새로운 기회가 열리고 있다."라고 말했다. 또한 "한류 선도 대학이자 뇌 교육 특성화 원격 대학의 강점을 바탕으로, 이번 인도네시아 비누스대학을 시작으로 해외 대학에 원격 강의 수출을 확대해갈 것"이라고 밝혔다. 뇌교육 한류 세계화에 더욱 활성화되길 기대한다.

집중을 잘하는 3대 조건 - 체력, 심력, 뇌력

이제는 공부만 잘한다고 성공하는 시대는 지났다. 김연아, 손흥민, 류현진은 운동을 잘해서 세계적인 선수로 성공했다. BTS는 케이팝으로 유명하고 봉준호 감독은 영화 분야에서 전 세계적인 주목을 받고 있다. 국어, 영어, 수학 등 학교 공부가 아니라도 원하는 분야에 대해 전문적인 지식을 쌓기 위해서는 공부가 필수적이다. 뇌 과학적으로 공부를 잘하기 위해서는 무엇이 필요할까? 보통은 집중력을 이야기한다. 학교 다닐 때 공부를 못하면 "아이가 머리는 좋은데 집중력이 부족해요."라는 말을 한다. 집중력은 무엇일까?

평생 교육의 시대가 되면서 집중력은 나이를 구분하지 않고 중요하게 여겨진다. 공부가 아니라도 집중력은 현대인에게 중요하게 대두되고 있다. 집중력은 아직 뇌 과학적으로 정확하게 이론화되고 정리되지는 않았다. 여러 연구자가 집중력에 관해 연구했다.

위스콘신대학교의 신경과학자 리처드 데이비드슨은 주의력과 집중력을 강화할 수 있는 능력이야말로 살면서 더 큰 성과와 성공을 거둘 수 있게 해주는 가장 중요한 요소라고 했다. 1953년 영국 심리학자 콜린 체리는 '칵테일 파티 효과'를 실험했으며 소란스러운 환경에서도 다른 소리는 무시하고 특정한 이야기만 집중해서 들을 수 있는 능력을 발견했다.

다른 것에 주의를 집중하고 있으면 아무리 명확한 광경이나 소리라도 전혀 의식하지 못할 수도 있음이 알려진 연구가 있다. 1999년에 처음 시행된 '보이지 않는 고릴라 실험'이 있다. 연구자는 실험에 참여한 사람에게 두 소규모 팀이 농구 경기를 하는 동

영상을 보여주고, 선수들이 서로에게 패스를 몇 번이나 하는지 주의 깊게 살피도록 했다.

짧은 동영상 중간에 고릴라로 변장한 사내가 화면으로 걸어 들어와, 여섯 명인 선수들 사이에 선 채 몇 차례 가슴을 손으로 두들긴 뒤 다시 걸어 나갔다. 놀랍게도 실험 참가자들 다수가 고릴라로 변장한 사내를 알아차리지 못했다. 선수들이 움직임에만 주의를 집중하고 있었기 때문이다. 뇌 과학에서는 공부를 잘하기 위한 집중력의 조건으로 세 가지를 이야기한다.

첫째, 체력이 좋아야 한다. 뇌와 신체는 한 몸으로 연결되어 있다. 뇌가 신체에 힘을 주고, 신체가 뇌에 힘을 준다. 힘을 원천이 바로 체력이다. 공부할 때 1시간도 안 되어 피곤하고 쉬고 싶으면 공부를 잘하기 어려울 것이다. 운동을 통해 체력을 강화해야 한다. 체력은 근력, 지구력, 유연성, 심폐력 4가지를 보통 이야기한다.

사이토 다카시는 앉는 힘은 곧 사는 힘이며, 학교나 사회에서 제대로 앉아 있지 못하는 사람은 공부와 일에 집중하지 못한다고 했다. 또한 다른 사람의 이야기를 잘 듣거나, 책상에 앉아 과제를 할 수 있는 집중력은 모두 오래 앉아 있을 수 있느냐 없느냐에 달려 있다고 했다.

둘째, 마음의 건강을 나타내는 심력이 있어야 한다. 이것은 마음을 조절하는 힘을 말한다. 안정감, 자신감, 신뢰감으로 이야기한다. 말 한마디를 참지 못해서 불같이 화를 내는 사람이 있다. 화가 날 경우도 있겠지만 감정을 다스리지 못하면 집중하기가 어렵다. 자신을 믿는 마음이 크기에 주위의 한마디에 흔들리지 않을 것이다.

감정과 가장 관련이 깊은 곳은 편도이다. 감정코칭이나 정서코칭 세미나에 가면 자주 나온다. 편도는 원시생활과 관련 있는 생존 기능을 담당한다. 수렵생활을 할 때 호랑이와 같은 맹수가 나를 잡아먹으려 할 때 방어하는 기제로 발달했다. 뇌는 아직 사바나 초원에 있는 것처럼 반응한다. 말 한마디에 나를 잡아먹으려고 한다고 느끼는 것이다. 심력이 있는 뇌로 되기 위해서는 고등정서를 담당하는 대상회의 기능이 발달해야 한다.

대상회는 띠처럼 뇌를 둘러싸고 있다고 해서 명칭되었는데 정서의 학습과 기억의 중요한 역할을 한다. 또한 다른 사람의 아픔을 공감할 때 기능한다. 공감을 잘하고 주위의 아픔을 위로할 수 있다면 많은 사람이 좋아할 것이다. 대상회와 더불어 전두엽의 기능이 잘 되어 있으면 정서를 즐겁게 관리할 수 있다.

세 번째, 뇌의 건강을 나타내는 뇌력이 있어야 한다. 뇌력이란 무엇일까? 앞에서 말한 지능과 연관이 되어 있다. 뇌의 안테나라고 할 수 있다. 자신이 왜 이것에 집중해야 하는지 동기를 부여하고 목표를 설정하는 능력이다. 피곤해서 한 발짝도 움직이기 어려운 상황이라고 생각하자. 그때 집에 불이 났다. 피곤하다고 쉬고 있을 수 없을 것이다. 빨리 집에서 탈출해야만 목숨을 지킬 수 있다. 불이 난 것처럼 생존에 아주 중요한 자극을 주는 것이다. 이것처럼 목표가 삶에 중요한 역할을 한다면 집중을 하게 될 것이다.

내가 오랫동안 꿈꾸고 바랐던 목표가 이루어졌다고 상상해보자. 뇌력과 관련 있는 것은 상상의 힘이다. 인간이 받은 최고의 선물은 바로 상상이다. 무엇이든 상상하고 꿈을 꾸자. 기적을 꿈꾸어보자. 비전은 단순한 선언이 아니라, 인생의 목표를 이루고 싶은 구체적인 행동이다. 목표는 세분화시켜 작성해야 꿈을 이룰 수 있다. 자신의 상황에 맞게 조금씩 적응하고 양을 늘려가는 것도 좋은 방법이다. 사람은 적응의 동물이라고 했다. 상황에 적응하기까지 시간이 필요하기도 하다. 자신에게 맞는 공부법을 찾아야 한다.

BTS와 춤을 춰라

음악이 뇌를 변화시킨다

우리나라는 자원이 없는 나라지만 세계 10대 경제 대국으로 발전했다. 한국 사람은 머리가 좋다고 한다. 그 이유가 무엇일까? 우리민족은 예로부터 풍류라고 해서 노래와 춤을 즐겼다. 농사를 지을 때면 함께 노래 부르고 춤을 추었다. 춤과 노래는 뇌와 몸을 각성시키는 중요한 방법이다. 잘 노는 멋스러운 유전자가 피 속에 흐르고 있다. 전통을 이어받아 BTS가 전 세계에 한류를 전하고 있다.

프랑스 작가인 오노레 드 발자크는 “음악의 언어는 무한하다.

여기에는 모든 것이 들어 있고 모든 것을 설명할 수가 있다."라고 말했다. 《별》이라는 단편소설을 통해 잘 알려진 알퐁스 도데는 "음악은 또 하나의 천재이다."라고 했다. 플라톤은 춤출 줄 모르는 사람을 아코루투스(achoreutos), 즉 '교육받지 않은 사람'이라고 불렀다. 많은 작가와 사상가는 음악의 중요성을 이야기했다. 음악은 뇌가소성을 이끄는 최고의 방법이다.

서울대 심리학과 한소원 교수는 《변화하는 뇌》에서 "음악은 양쪽 뇌를 모두 사용하면서 시각, 운동, 연합영역과 기억, 정서와 관련된 뇌 영역을 모두 활성화시킨다."라고 말했다.

2018년, 방탄소년단의 유엔 연설이 화제가 되었다. 방탄소년단의 리더인 RM은 "어제 실수했더라도 어제의 나도 나이고, 오늘의 부족하고 실수하는 나도 나입니다."라고 이야기했다. 우리는 부족함과 실수를 통해 성장한다. 뇌가소성도 마찬가지다. 습관과 반복을 통해 강화된다.

글로벌사이버대학교 천범주 방송연예학과장은 방탄소년단에 대해 "이 친구들은 유명해서라기보다는 성실해서 더 기억한다. 글로벌하게 활동을 하면서도 수업을 듣거나 리포트를 제출한 것을 보면 본인들이 직접 한다. 자신의 체험에서 적은 내용을 보면 알 수 있다. 그렇게 성실하게 하니까 주위에서도 좋게 본 것 같다."라며 성공의 비결을 이야기했다.

서울대 음악대학 이석원 작곡과 교수는 한국과학창의재단의 세미나에서 '음악이 뇌를 만났을 때'라는 주제로 발표했다. "음악은 뇌에 영향을 미치는가?"는 질문을 던지며 음악과 뇌의 관계에 대한 연구 결과를 제시했다. "전문 연주자들은 소뇌와 운동피질의 크기가 일반인들에 비해 크다. 계속적인 음악적 자극이 실제 뇌에 영향을 주기 때문이다."라고 말했다. 좌뇌와 우뇌를 연결하는 뇌량의 크기 역시 음악가들이 일반인에 비해 10% 정도 크다고 한다. 연주자들이 왼손과 오른손을 함께 많이 사용하기 때문인 것으로 파악된다. 특히 7세 이전에 음악적인 학습을 한 경우는 뇌량이 일반인에 비해 월등히 크게 나타났다.

음악 신경과학 연구자인 KAST 이경면 교수는 중앙일보와 인터뷰에서 음악교육이 뇌 모양과 뇌파를 변화시킨다고 말했다. 특히 어릴 때 음악은 도움이 많이 된다고 했다. "최근 많은 신경과학 논문이 음악 교육의 효과를 과학적으로 증명하고 있다. 특히 오케스트라 활동에 대한 것이 많다. 오케스트라에서 2년 동안 악기 연주를 한 학생들의 뇌파를 측정했더니 말소리에 대한 뇌 반응이 다르게 나왔다. 우리말 음절로 바꿔 설명하면 '바' '다' '가'를 더 정확하게 구별했다. 소리의 음향학적 특징을 정확하게 처리했다는 것이다."

음악 교육으로 뇌가 변화하는 이유를 이야기했다.

"뇌를 구성하는 뉴런이 달라진다. 뉴런끼리 신호를 주고받을 때의 효율성이 올라갔다. 특정 뉴런 다발이 커지거나 굵어지기도 한다. 이는 반복 때문이다. 음악을 반복해 들으면 통계적 학습이 일어난다. 모국어 문법을 따로 배우지 않아도 되는 것과 비슷하다. 계속해서 들었기 때문이다. 음악도 자꾸 들으면 규칙성을 알게 된다. 음악이 어떻게 흘러갈지 예측도 할 수 있다. 뉴런들끼리 연결망을 만들고 다듬었기 때문이다."

뇌에 좋은 최고의 보약

뇌가소성을 이야기할 때 음악이 빠질 수 없다. 음악은 뇌를 변화시키는 아주 중요한 역할을 한다. 잔잔한 클래식 음악을 들으면 흥분한 감정이 가라앉고 차분해진다. 신나는 댄스 음악을 들으면 몸이 저절로 움직이면서 흥이 난다.

'모차르트 효과'라는 말이 세상을 떠들썩하게 한 적이 있다. '모자르트 음악을 들으면 머리가 좋아진다.'는 내용이다. 이 유행은 1993년 캘리포티아의 라우셔 교수팀이 세계적인 학술지 〈네이처Nature〉에 발표한 연구 결과를 미디어가 대대적으로 다루면서 시작되었다. 미국 조지아 주는 신생아에게 모차르트 음악 CD를 지급하였다. 모차르트 음악을 들으니 식물도 잘 자라고, 쥐는 미로 실험에서 빠르게 길을 찾았다는 연구도 발표되었다. 이후 다른 연구를 통해서 모차르트 음악뿐 아니라, 슈베르트 음악으로 시를 들려주어도 같은 효과가 나타난다는 것이 밝혀졌다.
소리의 특별한 형태가 음악이다. 음악은 원시사회에서부터 의사소통을 위해 생겼다. 음악은 일반적인 소리와 구별되는 리듬을 가지고 있다. 음악은 신체에 긴장을 일으키기도 하며 편안함을 주기도 한다. 음악 감상을 하게 되면 다양한 효과를 얻을 수 있다.

음악 감상의 효과

- 스트레스 및 통증 완화
- 기억회상, 시각적 심상
- 뇌세포 연결 강화
- 혈압, 맥박, 근육 반응
- 인지적 수행 향상
- 면역 기능 향상

경험과 관계되는 뇌의 영역과 음악적 자극으로 환기되는 뇌의 영역이 같다. 따라서 음악적 자극이 인간 행동에 동기를 유발하고 정서적 변화를 가져다준다. 음악을 통해 뇌의 가소성을 깨울 수 있다. 눈을 감고 귀를 열어보자. 시각을 차단할 때 청각은 더 민감해진다. 눈으로 들어오는 많은 정보에 대한 부담을 청각으로 덜어주자.

《모차르트 이펙트》의 저자 돈 캠벨은 "음악은 신성한 장소로써 우주의 장엄함을 느낄 수 있는 웅대한 신전과 같으며, 동시에 어느 누구도 그 속에 깊이 숨겨진 비밀을 알아낼 수 없을 정도로 단순하지만 은밀한 오두막집과도 같다. 음악은 식물을 자라게 하며, 이웃 사람들의 기분을 전환시켜주기도 하고, 아이들을 잠재우며, 군인들이 전쟁터에서 나아가도록 도와주기도 한다."라고 했다.

연구 결과에 의하면 음악가의 뇌량은 다른 사람보다 더 두껍고 완전하게 개발되어 있다고 한다. 이것은 음악이 현재의 신경경로를 확장시키고 학습 능력과 창조력을 자극한다는 이론을 확고히 하는 것이다. 뇌량은 좌뇌와 우뇌를 연결해주어 뇌를 통합적으로 사용하게 해주는 기능을 한다. 2억 개 이상의 신경섬유가 실시간으로 좌뇌와 우뇌의 정보들을 연결한다. 또한 언어를 담당하는 측두엽도 활성화된다. 음악적인 활동을 하면 사회적으로 중요한 언어 및 청각적인 활동에 있어 보다 많은 향상을 할 수 있다. 운동하면서 음악을 듣거나, 공부하면서 음악을 들으면 집중력과 효과가 높아진다는 연구도 많다. 음악은 뇌가소성을 높이는 중요한 수단이다.

춤을 추어라

BTS의 노래와 춤에 세계가 열광하고 있다. 춤은 뇌에 어떤 효과를 줄까? EBS 다큐프라임 '춤, 세상을 흔들다'에서는 세상을 변화시킨 이야기, 춤이 가진 놀라운 힘에 대해 자세히 소개했다. 몸을 움직이며 새로운 것을 표현하는 것은 인간의 타고난 본성이다. 고대 벽화에는 춤추는 고대 원시인의 모습이 종종 등장한다. 언어가 없을 때부터 인간에게 존재한 자연스러운 본능이다.

춤에는 각각의 고유한 매력이 있다. 19세기 후반 아르헨티나 하층민에서 시작해서 전 유럽을 열광시킨 탱고는 서로의 몸이 밀착되는 만큼 뜨거운 매력을 느낄 수 있는 춤이다.

쿠바의 독립을 상징하는 경쾌한 춤 차차차는 허리를 강하게 움직이는 몸짓에 강렬한 매력이 있다. 19세기 유럽에서 널리 유행한 왈츠는 몸을 물결과 같이 우아하게 움직이는데 매력이 있다. 제2차 세계대전 당시 젊은이들의 상징이었던 자이브 춤의 매력 포인트는 경쾌한 스텝과 밝은 표정이다.

카이스트 물리학과 정재승 교수는 춤을 보기만 해도 뇌가 활발하게 움직인다고 했다. "아주 근사한 춤을 봤을 때 우리 쾌락의 중추라고 불리는 기저핵 안쪽의 측핵이라는 작은 영역이 활발히 활동한다는 겁니다. 다시 말하면 아주 근사한 춤을 봤을 때 사람들이 쾌락을 느낀다는 거죠."

대한민국의 중고등 학생은 공부 외에 여가활동이나 움직임의 시간이 거의 없다. 방송에서 고등학교 한 반을 정해 학생들에게 하루 5분씩 3번에 걸쳐 4주간 춤을 추게 했다. 실험에 앞서 학생의 상태를 알아보기 위해 2가지 실험을 했다. 학습 관련 두뇌기능평가와 감각 통합 평가를 진행했다. 검사 결과 많은 학생에게서 주의력과 각성의 저하, 우울, 불안증세가 나타났다. 전두엽과 변연계의 기능이 약해져 있었다. 과연 아이들이 춤을 배운 4주 후 얼마나 변해있을까?

춤을 춘 4주 후 아이들의 두뇌 기능에 놀라운 변화가 있었다. 실행 기능을 담당하는 전두엽, 정서의 기능을 담당하는 변연계, 기분과 신체의 움직임을 통합하는 기저핵 기능이 대부분 상승했다. 실험에 참여한 김나래 학생은 "자습 시작할 때 다른 것보다 자기가 하고 싶은 공부에 집중을 좀 더 빨리했던 것 같아요", 임루카스 학생은 "얼마 전에 모의고사를 봤는데 점수가 많이 올랐어요. 춤을 안 췄을 때보다 춤을 배우고 난 후에 점수가 많이 올라갔어요."라고 말하며 집중력이 좋아졌다고 말했다.

뉴욕 주립대학교 신경과 이반 보디스 웰러 교수는 이 현상을 본 뒤 "분명 도움이 될 거라고 생각합니다. 하나의 리듬 안에는 소리가 들리지 않거나 강조되는 부분이 있어요. 아마도 이것은 리듬 자체보다 더 중요하다고 볼 수도 있죠. 만약 어떤 행동을 했다가 하지 않았다가 하는 예상할 수 없는 움직임이 반복되면 두뇌가 작동하게 됩니다. 두뇌는 간단한 박자보다 연속되는 춤의 순서들을 기억해야 하기 때문이죠. 그것이 중요합니다."라고 말했다. 춤을 춘다는 것은 리듬을 듣고 그에 맞는 동작을 두뇌에서 연상해 재빨리 몸으로 표현하는 것이므로 연습하다 보면 두뇌의 기능도 활발해진다는 것이다.

나이가 들수록 뇌 기능이 떨어진다. 뇌 건강에 걷기보다 춤이 좋다는 연구가 있다. 2017년 한 연구에 따르면, 노년기 뇌 기능 저하 개선에 걷기나 스트레칭도 도움이 되지만, 춤이 가장 효과적인 것으로 나타났다. 연구팀은 인지 기능에 문제가 없는 60~70대 건강하지만, 운동량이 적은 노인 174명을 대상으로 6개월간 운동을 하게 한 뒤 MRI 영상으로 두뇌의 변화를 관찰했다.

참여자들은 빨리 걷기, 걷기와 스트레칭, 댄스(포크댄스) 등 3개 그룹으로 나누고 일주일에 3번, 1시간씩 해당 운동을 했다. 6개월 뒤 운동을 한 사람들 대부분은 뇌의 정보처리 속도를 포함한 사고력 시험 성적이 처음보다 더 좋아졌다. 그런데 춤을 춘 사람들은 다른 운동 그룹과는 달리 뇌궁 부위 백질이 두꺼워졌다. 뇌궁은 정보 처리 속도 및 기억과 관련된 부위다.

운동을 하면 노화로 인한 뇌의 기능 저하를 막고 개선할 수 있지만, 함께 어울려서 하는 춤을 추면 뇌 기능이 개선되고, 정보 처리 속도, 기억력과 관련된 뇌 부위가 튼튼해진다고 연구진은 설명했다. 연구진은 "어떤 운동이나 사회적 활동도 노화에 따른 뇌 능력 저하를 막는다."라면서 "특히 춤을 배운 사람들은 백질까지 커짐을 시사한다는 점에서 매우 고무적"이라고 밝혔다.

악기를 연주해라

음악을 배우고 악기를 다루면 두뇌가 발달한다는 연구 결과가 미국 공공과학 도서관 온라인 학술지 '플로스 원(PLoS One)'에 발표되었다. 미국 하버드 의대 연구팀이 피아노나 현악기를 3년 이상 배운 8~11세 어린이 41명과 악기를 배우지 않은 어린이 18명을 대상으로 소리 구분 능력과 손가락의 민첩성, 지능 지수를 조사했다. 연구 결과 악기를 다루는 어린이는 그렇지 않은 어린이보다 어휘력 점수가 15%가 높았다. 도형과 그림, 숫자를 통한 추리력 점수도 11%가량 높게 나타났다. 3년 이상 악기를 배운 어린이는 소리를 구분하는 능력과 손가락 민첩성이 좋게 나왔다.

신경과학자 애니타 콜린스는 '악기 연주가 당신의 두뇌에 어떻게 도움이 되는가'라는 영상을 공개했다. 콜린스는 음악연주가 불꽃축제처럼 두뇌를 활성화시킨다고 했다.

"음악을 듣고 있을 때 두뇌에서는 꽤 흥미로운 일들이 일어나긴 하지만, 음악을 직접 연주하고 있을 때는 전신 운동을 하는 것과 같습니다. 신경과학자들은 두뇌의 여러 영역에 불꽃이 타오르고, 서로 다른 정보를 동시에 상호연결하며 빠른 순서로 처리하는 것을 보았습니다."

음악을 듣는 것과 연주하는 것의 가장 명백한 차이점은 음악 연주는 정교한 운동 기술을 필요로 한다는 것이라고 했다. "악기를 연주하면 실제로 한꺼번에 두뇌의 모든 영역이 활동하게 됩니다. 특히 시각, 청각 그리고 운동피질의 활동이 활발해집니다. 다른 운동을 할 때와 마찬가지로 악기 연주도 엄격하고 구조화된 연습이 두뇌 기능을 강화시켜 주고 그 힘을 다른 활동에 적용할 수 있게 합니다."

연구에 의하면 음악가들은 인터넷 검색 엔진처럼 고도로 연결된 두뇌를 사용한다고 한다. 기억에 개념적, 감정적, 청각적 그리고 맥락적 이름을 붙여 기억을 사용한다는 것이다.

의식을 높여
뇌가소성을 일으키자

의식의 힘

미국의 심리학과 교수인 데이비드 호킨스 박사는 사람의 의식에 관한 연구를 30년 동안 한 끝에《의식혁명》이라는 책을 썼다.

호킨스는 삶의 목적을 의식을 높이는 것이라고 했다. 의식을 0에서부터 1000까지로 분류했다. 200 이상을 파워의식으로 200 이하를 포스의식으로 표시했다. 파워의식은 긍정의 의식이고 200 이하는 부정의 의식이다. 200 이상의 사람이 10%가 안 된다고 한다. 200 이하를 보면, 수치심, 자긍심, 죄의식, 무기력 등 제일 낮은 수준이다. 이 단계에서는 자살 확률이 높다.

무기력한 사람이 울기 시작하면 슬픔의 단계로 점프한다. 위험한 상황을 넘어서는 것이다. 그러면서 뭔가 하고 싶다는 욕망을 갖게 되고, 욕망이 이루어지지 않으면 분노를 하게 된다. 인터넷의 댓글들은 150인 분노의 단계이다. 175는 자존심이다. 이 자존심은 현대의 발전을 이루는데 중요한 요소를 이루었다.

150은 포스의식이다. 200은 용기의 단계이다. 자신의 부족함, 두려움, 자존감 등으로 우리는 새롭게 도전하지 못한다. 가족의 힘, 동료의 위로가 필요하지만, 자신 내부의 힘이 제일 중요하다. 용기는 새로운 힘의 원천이다. 100세 시대를 사는 모두에게 용기

의식의 밝기

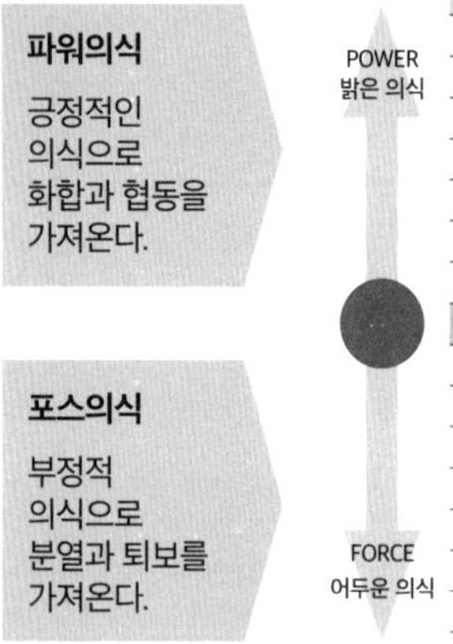

의식 밝기 (LUX)	의식수준	감정	행동
700-1000	깨달음	언어이전	순수의식
600	평화	하나	인류공헌
540	기쁨	감사	축복
400	이성	이해	통찰력
350	포용	책임감	용서
310	자발성	낙관	친절
250	중립	신뢰	유연함
200	용기	긍정	힘을 주는
175	자존심	경멸	과장
150	분노	미움	공격
125	욕망	갈망	집착
100	두려움	근심	회피
75	슬픔	후회	낙담
50	무기력	절망	포기
30	죄의식	비난	학대
20	수치심	굴욕	잔인함

이 도표는 미 콜롬비아대 정신의학박사인 데이비드 호킨스 박사가 20여 년간 임상실험을 통해서 밝혀낸 인간의 의식수준 도표이다.

는 필요하다. 정신의 큰 변화를 이뤄야 한다.

잠깐 나의 이야기를 하자면 나의 아버지도 수십 년간 사업을 하다 부도가 났다. 다시 일어서지 못했다. 그러나 지금은 실패를 했어도 다시 재기할 수 있는 새로운 시스템이 있다고 하니 다행스러운 일이다. 어렵고 힘든 게 있을지라도 용기를 가져야 한다. 한두 번의 실패로 인생을 놓기에는 인생은 길지 않은가. 성공하려면 실패의 횟수를 늘리라고 하였다. 성공은 실패의 어머니다.

의식의 밝기가 250이 되면 포용이다. 310을 지나면 어디서든 적극적으로 움직인다. 310이 되면 어느 직업을 갖든 누구에게나 칭찬받을 것이다. 자기 사업체를 운영해도 잘 운영할 기본이 되어 있는 것이다. 스스로 움직일 힘이다.

350이 되면 무엇이든 포용할 수 있다. 우리는 사상이 다르고 종교가 다르면 문제가 생긴다. 내 것이 옳고 너는 틀렸다는 이분법적 사고가 만연한다. 그렇게 해서는 문제가 풀리지 않는다. 문제를 풀고 싶다면 포용해야 한다. 포용하지 못해 생긴 문제가 너무 많다. 포용을 지나 400은 이성이다. 모든 것을 이성적으로 보는 힘이다. 모든 사물을 감정이 아니라 이치에 맞는지 볼 수 있는 큰 힘이다.

500은 사랑이다. 세상을 바꿀 수 있는 큰 힘이다. 사랑만 있다면 많은 어려움을 이겨낼 것이다. 예수님이 그중에 제일이 사랑이라고 했다. 우리나라 말로는 측은지심일 것이다. 불교의 자비와도 통한다. 사랑이 필요할 때 아닌가. 주위에 사랑을 베풀자. 오랫동안 연락이 안 된 친구에게 안부를 묻고 배고픈 사람에게 식사 한 끼를 제공해보자. 전화 한 통이면 기부할 수 있다. 세상은 사랑으로 바뀔 수 있다.

600은 평화의 단계다. 깨달음이라고 한다. 삶의 이치를 이해하고 모든 것과 통한 단계다. 성인이 이런 단계다. 예수님, 부처, 공자, 석가모니 그리고 우리의 국조이신 단군의 홍익정신도 포함된다. 삼국시대 조선시대, 현대를 거치면서 홍익정신의 중요성을 잃어버렸다.

세계의 어느 나라도 사람을 이롭게 하는 건국 이념을 가지고 있는 나라는 없다. 그리스 로마 신화는 어떠한가. 남의 것을 빼앗고 죽이는 것이다. 일본의 건국 신화는 바다 건너 조선이라는 나라가 있는데 금은보화가 많으니 죽이고 빼앗아 오라는 것이다.

우리나라는 큰 정신이 있는 나라다. 그래서 외국의 선각자들이 우리나라를 세계를 이끌 나라라고 했다. 타고르는 한국을 빛나는 횃불의 나라라고 했다. 1000까지 도달하는 의식을 위하여 오늘도 살고 있다. 뇌가소성을 통해 의식을 높일 수 있다.

지혜를 높여
뇌가소성을 일으키자

지혜의 힘

장자(莊子)의 지북유(知北遊)편에 백구과극(白駒過隙)이라는 고사성어가 있다. 인생이 지나가는 것의 빠르기가 문틈으로 흰 말이 지나가는 것을 보는 것과 같다는 말이다. 인생과 세월이 덧없고 짧음을 이르는 말이다. 삶을 일장춘몽이라고 했다. 죽을 때 다 놓고 가는 데 성공하기 위해 몸부림치고 경쟁하는 것이 정말 무의미하게 느껴진다. 그러나 하나라도 더 가지려고 더 높이 올라가기 위해서 치열하게 경쟁하는 사람이 많다.

반면에 스트레스에 밀려 무기력하게 있거나 심지어 우울증에 걸린 사람도 늘어나고 있다. 뇌가소성의 목표를 어디에 두어야 할까? 종교가 있는 사람은 예수, 부처와 같은 삶과 자비를 가진 높은 정신세계를 원할 것이다. 완성이나 깨달음이라고 표현하는 사람도 많다. 하지만 그 길은 보통 사람들이 가기에는 너무 높고 멀게만 느껴진다. 현실적인 목표에 대한 적합한 예가 에릭슨의 인간 발달 이론이다.

에릭슨은 대학교도 가지 않았지만, 인간 발달에 대한 이론을 정립하여 하버드 대학교의 교수가 되었다. 프로이트의 아동 발달 이론을 발달 정립했는데 왜 사람이 살아가야 하는지 잘 정리되어 있다. 에릭슨의 인간 발달을 8단계로 정리하면서 가장 높은 단계를 지혜의 단계로 두었다. 삶이 지혜를 얻기 위한 과정이라는 것이다.

지혜를 터득하면 자신의 한평생의 삶을 통찰하고 잘한 점과 잘못한 점을 보게 된다. 누구에게나 죽음은 찾아온다. 무엇을 위해 살다가 죽을 것인가? 누구나 오래 건강하게 살 것 같지만 길어야 100년의 삶이다. 인간 발달의 8단계는 나이나 지식, 명예와 상관이 없다. 나이가 적지만 8단계의 지혜를 터득한 사람이 있고, 나이가 많아도 낮은 단계의 발달에 속해 있을 수 있다.

에릭슨은 삶의 단계마다 성취해야 할 목표가 있고, 목표를 이루어야 그다음 단계로 갈 수 있다고 했다. 낮은 단계는 다음 단계에 큰 영향을 미친다. 중간에서 큰 갈림길이 있는데 바로 5단계

에릭슨의 심리사회적 발달 단계

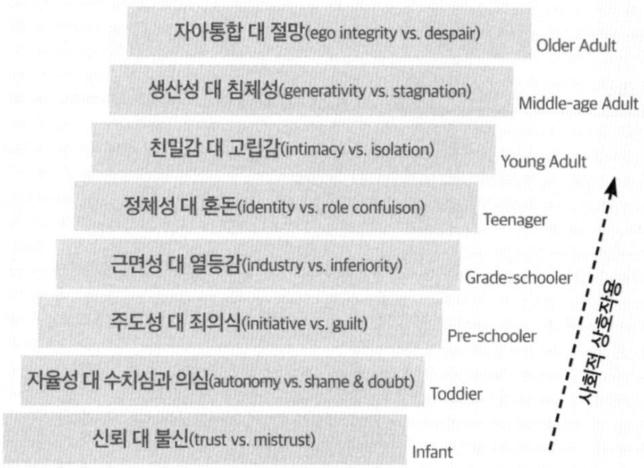

의 정체성 확립이다. 내가 어떤 사람이며 무엇을 좋아하고 어떻게 살아야 하는지, 어떤 취미가 어울리고 어떤 배우자가 맞는지를 아는 단계이다. 5단계를 경험하지 못하고 더 높은 단계로 갈 수 없다. 판단하려면 경험해야 하고, 실패를 해보아야 한다. 실패는 성공의 어머니라고 한다. 에디슨은 전구를 10만 번 실패했는데 10만 번 안 되는 방법을 발견한 셈이다.

나는 왜 살아가는지, 어떻게 세상에 적응해야 하는지 아는 것만큼 중요한 게 없다. 부모라는 존재보다 큰 존재는 없다. 부모이기에 자식을 위해 모든 것을 주려고 하고, 잘 성장하기를 바란다.

하지만 그것이 욕심으로 작용해서 부모의 생각 그대로 자녀에게 적용한다. 그러다 보면 자녀가 제대로 성장할 수가 없다.

요즘 사람들은 실패를 경험하지 않고 안전한 길로만 가려고 한다. 그래서는 성장할 수 없고, 자신에게 맞는 길을 찾을 수 없다. 부모님이나 스승이 성장시켜줄 수 있지만 5단계부터는 자신이 찾아야 한다. 삶에 여러 궁금증의 해결책을 찾을 때의 느낌, 한동안 풀지 못한 해법을 찾았을 때 마음이 어떠한가. 정말 기쁠 것이다. 이런 체험을 하고 나면 삶의 목적이 단순히 돈이나 명예가 아닐 것이다. 이런 것이 아니더라도 행복은 가까이에 있다는 것을 알게 된다.

5단계는 인생에서 꼭 성장해야 하는 중요한 시기이다. 심리나 상담을 배운다면 공부할 내용이지만 이 발달은 누구나 배워야 한다. 5단계를 가려면 4단계를 거쳐야 한다. 4단계는 근면함이다. 학생이면 공부에 집중하고 직장인이면 업무를 성실하게 하는 힘이다. 우리는 이런 사람을 좋아한다. 남이 보나 보지 않으나 자기 일을 묵묵히 하는 사람은 어디서나 사람들이 좋아한다. 4단계는 자기 스스로 하는 힘이다.

주변을 살펴보면 예전처럼 자식이 많은 집이 별로 없다. 거의 한두 명이다. 그렇다 보니 부모가 나서서 모든 것을 다 해주려고 한다. TV 프로그램을 보면 유치원에 다니는 아이인데도 엄마가 밥을 먹여주고, 양말을 신겨주고, 준비물을 챙겨준다. 그리고 나중에 아이가 스스로 할 수 있는 게 없다고 한다.

4단계 근면성을 나타내려면 3단계 주도성이 있어야 한다. 주도성은 무엇인가. 스스로 하고자 하는 일이나 목표에 집중하는 것이다. 집중력에 관한 관심이 높지만, 집중력은 주도성에서 나온다. 뭔가에 미치고 몰입하다는 것 그것은 언제부터 키워질까. 바로 유아 때부터 키워진다. 친구와 놀기 시작할 때 해가 져도 집에 오지 않고 몰입하는 아이이다. 좋아하는 것에 집중하는 연습을 유아 때 경험해야 한다. 그래야 주도적인 게 어떤 것인지 알 수 있다.

놀이는 중요하다. 놀이를 통해 주도성을 배워야 한다. 주도적이 되려면 2단계 자율성이 있어야 한다. 자율적으로 움직인다는 것은 무엇인가. 스스로 이렇게 해도 되겠구나 하는 마음이다.

자율적으로 하지 못하는 사람이 많다. 특히 부모님이 강압적일 때 더욱 그런 경우가 많다. 부모는 아이를 잘 키우고 싶어서 하는 행동이 자율성을 방해하기도 한다. 자율성을 느끼려면 1단계 세상에 대한 안전함을 느껴야 한다. 아이는 세상에 처음으로 나왔을 때 부모와 처음으로 만난다. 환하게 웃는 부모에게서 안전함을 느낀다. 배가 고플 때 우유를 주고, 배변했을 때 기저귀를 갈아주었을 때 아기는 세상은 안전하고 살만한 곳이라고 느끼게 된다. 모든 것이 여기서 출발한다.

1~2단계는 세상을 살아가는 기초가 된다. 안전과 자율성을 경

험하면 세상을 바라보고 경험할 때 긍정적으로 살아가는 삶의 태도를 보인다. 이 과정에서 배가 고플 때 우유를 주지 않고 배변 시 기저귀를 갈아주지 않으면 세상은 살기 어려운 곳이고 부정적인 곳이라고 인식한다. 이런 경험이 무의식의 바탕을 이루고 있다. 내가 이유 없이 불안하고 우울한 감정이 생긴다면 1~2단계 때 경험과 연계해보는 것도 필요하다.

나이든 성인이 우울하고 불안한 이유를 보니 어렸을 때 부모의 사랑을 받지 못했다. 환자를 무릎 위에 눕게 하고, 젖병에 우유를 넣어서 먹게 했더니 증상이 개선되었다고 한다. 내가 뭐든 적극적이고 긍정적이면 1~2단계 때 부모님의 큰 사랑을 받은 것이다. 이 단계는 세상을 살아가는 큰 힘을 얻는다. 상위에 단계가 잘 안 되고 있으면 계속 아래로 내려가서 살펴야 한다. 그리고 1단계부터 시작해야 한다. 인생은 느리고 빠른 게 없다. 그리고 각 단계를 거치지 않고 다음 단계로 갈 수 없다. 인생은 복권이나 횡재 같은 요령이 없다는 말이다.

복권에 1등을 당첨된 다음, 몇 년이 안 되어 한 푼 없는 빈털터리가 되고 심지어 범죄자가 된 소식을 뉴스에서 접하게 된다. 자기와 맞지 않는 그릇은 오히려 문제가 된다. 삶은 한 단계 한 단계 발달을 위해 묵묵히 노력하면서 성취해가는 것이다.

5단계는 변화의 큰 분기점이다. 5단계 정체성이 확립되면 단지 돈을 많이 벌려고 한다거나 명예만 높이려고 남을 속이거나 이용하지 않는다. 자기가 좋아하는 일을 묵묵히 하면서 대가로 돈을 벌고 승진도 하게 된다. 거기에서 보람을 느끼게 된다. 정체성이 확립되고 발달하다 보면 여유가 생기게 되고 주위에 관심을 두게 된다.

6단계는 이타성이다. 남을 순수하게 돕는 마음, 곧 측은지심이다. 순수한 이타성이 나오려면 5단계 정체성 확립을 통해 자기 문제가 해결돼야 한다. 자기 문제가 해결이 안 되면서 남을 도우려고 하면 어떻게 될까? 뭔가 대가를 바라게 되거나 욕심을 부리게 된다. 순수한 사회운동을 하는 사람도 있지만 그렇지 못하고 문제를 일으키는 사람이 있는데 이타성을 제대로 확립하지 못했기 때문이다.

부모라는 이유로 아이에게 강요하거나 일방적인 도움을 준다면서 반대급부로 요구하는 것은 이타성이 아니다. 진정한 이타성은 바라는 것이 없이 순수하게 돕는 마음이다. 우리나라 건국이념인 홍익인간은 '인간을 이롭게 한다'이다. 이타성과 일맥상통한다.

7단계는 생산성이다. 우리는 남에게 도움을 받으면 당연히 감사하고 보답하고 싶은 마음이 생긴다. 우리는 왜 물건을 살까? 나에게 도움이 되기 때문이다. 남에게 도움을 주는 마음은 자연스럽게 생산성과 연결된다. 진정한 생산성은 그러한 것이다. 돈도 많이 벌고 싶고, 승진도 하고 싶다면 모든 단계의 발달을 잘 거쳐야 한다. 많은 사람이 돈이 있다면 남도 돕고 좋은 일을 많이 할 수 있을 것이라고 말한다.

순서가 다르다. 남에게 순수한 마음, 친절한 마음, 돕고 싶은 마음을 실천하다 보면 자연스럽게 생산성이 높아진다. 이 세상에 성공한 사람을 보면 모두 순수한 마음을 실천한 사람이다. 세상에 사랑을 실천하자. 그러면 원하는 위치에 올라갈 것이다.

마지막 인간 발달 단계는 8단계 지혜이다. 생산성을 통해 세상을 바라보는 이치를 깨닫는 것이다. 이제 삶의 희로애락을 거치면서 삶을 바라보는 성찰이 생긴다. 어쩌면 인생을 돌아보면서 잘한 것, 잘 못한 것을 반성하는 것이다. 이것은 후회와 다르다. 지혜의 단계는 자신의 부족함을 후회하고 원망하는 것이 아니다. 지혜는 세상과 자신을 분리시키지 않는다.

이분법으로 분리하지 않고 다른 의견을 존중한다. 내 편, 네 편을 가르지 않고 반대하지 않는다. 왜 그런 생각을 하고 있는지 존중해준다. 우리 사회에 진정 필요한 것이 아닌가. 어우러져 살기 위해서 필요한 것이 지혜이다. 이 지혜의 단계까지 가기 위해서는 전 단계를 밟고 올라와야 한다.

뇌 과학에 뇌가소성이 있다

뇌 과학 기술의 발달

20세기에 들어서면서 인류는 시신을 해부하지 않고 뇌의 구조를 볼 수 있는 장비를 개발했다. 신체를 가장 먼저 찍은 사람은 독일의 물리학자 빌헬름 뢰트겐이다. 1895년 뢰트켄은 두꺼운 검은 마분지를 통과해 지나가는 X선을 발견했다. 처음으로 신체의 뼈가 보이는 X선 사진을 보게 되었다. X선을 발견한 공로로 1901년에 제1회 노벨 물리학상을 받았다.

컴퓨터 단층 촬영법(Computed Tomography)인 CT를 통해 X선 사진을 컴퓨터로 재구성하여 뇌의 단면 영상이나 3차원 영상을 볼 수 있게 되었다. CT는 뇌출혈을 비롯한 응급질환을 포함한 뇌 질환 진단에 많이 사용된다. 그러나 방사선에 노출되는 단점이 있다.

방사선에 노출되지 않는 자기 공명 영상법(Magnetic Resonance Imaging)인 MRI가 개발되었다. 자기장을 발생하는 커다란 자석 통 안에 들어가 고주파를 발생시킨다. 신체 부위에 있는 수소 원자를 공명화시켜 신호의 차이를 영상화하는 기술이다. CT는 인체를 가로로 자른 영상이 대부분이지만, MRI는 수검자의 자세 변화 없이 인체에 대한 다양한 영상을 얻을 수 있다. 두뇌 구조를 CT와 MRI 기기를 통해 평가가 가능해진 것이다.

뇌의 기능을 언제부터 영상으로 보게 되었을까? 양전자 방출 단층 촬영(Positron Emission Tomography)인 PET가 개발되면서다. 한국의 대표 뇌과학자인 조장희 박사는 1975년 세계 최초로 원형 PET를 개발하였다. X선, CT, MRI 개발자는 모두 노벨상을 받았다. 이에 조장희 박사를 노벨상에 가까운 한국 과학자로 기대를 하고 있다. 뇌가 포도당 대사를 할 때 방출하는 방사성 물질의 양을 측정함으로써 두뇌의 활동 수준을 측정하는 방법이다.

1990년대에 개발된 기능적 자기공명영상(Functional Magnetic Resonance Imaging)인 fMRI는 뇌세포가 산소를 잃은 헤모글로빈의 양을 측정한다. 뇌 속에서 혈액이 흐르는 양을 볼 수 있어서 뇌의 어떤 부위에 혈액이 많이 흐르는지를 알 수 있다. 어떤 행동을 할 때 활성화되는 뇌의 부위를 확인할 수 있게 되었다. fMRI 덕분에 인간이 인지하고 감정을 느낄 때 뇌의 활동을 파악할 수 있게 되었다. 다양한 뇌가소성의 연구도 fMRI 덕분이다.

2008년 〈네이처〉에 fMRI를 통한 중요한 연구가 소개되었다. fMRI 데이터를 분석해 사람이 보고 있는 영상이 무엇인지 알 수 있는 분석법에 관한 연구가 발표되었다. fMRI는 뇌의 활동을 정밀하게 연구할 수 있으나 시간과 비용이 많이 소요되었다. 빠르게 변하는 뇌의 활동을 관찰하기는 적합하지 않았다. 1000분의 1초 단위의 뇌의 변화를 측정하는 도구가 바로 뇌파 전위기록(Electroencephalogram)인 EEG이다.

뇌파를 활용하자

갈바니는 사람에게 전기가 있다는 것을 처음 발견했다. 개구리에서 전기가 흐르는 것을 발견하면서 1923년에 사람에게서 처음으로 전기를 측정했다. 곧 뇌파를 통해서 사람을 연구할 수 있게 되었다. CT나 MRI 등 뇌를 측정하는 기기는 비용도 비싸고 해상도가 낮다.

뇌파는 장점이 많다. 뇌파를 통해 건강, 생활 상태, 집중력을 쉽게 측정할 수 있다. 최근에 뇌파에 관한 연구가 많다. 뇌파는 여러가지 수상돌기 시냅스의 흥분 작용으로 발생한다. 뇌파를 보면 연령에 따른 뇌파를 알 수 있다.

어릴 때는 느린 뇌파가 주로 발생하다가 청소년기가 되면 성인의 뇌파로 안정이 된다. 사람에게 가장 중요한 뇌파 리듬은 고유리듬이다. 가장 안정되고 중심이 되는 리듬으로 한스 베르거가 처음 발견한 알파 리듬이다. 뇌파는 1초에 몇 번 진동하느냐에 따라 주파수로 분류가 된다.

알파파는 보통 1초에 8~13번 진동하는 주파수이다. 눈을 감거나 아무것도 생각하지 않는 상태에서 측정한 뇌파를 배경 뇌파라고 하고 건강과 뇌 기능 측정에 아주 중요한 지표가 된다. 건강한 사람의 배경 뇌파는 주로 알파파에서 많이 나타나며 특히 9.5~10.5Hz 사이에서 높은 산을 이루듯이 위로 솟구친다. 긴장을 많이 하거나 누적적인 피로나 스트레스가 있으면 이 산이 낮아지거나 없어진다. 나이가 들고 인지기능이 떨어지면 산이 낮은 쪽으로 주파수가 내려온다.

알파파는 건강한 사람에게서 기본이 된다고 하여 기초 율동, 기초 리듬으로 불린다. 빠른 뇌파 리듬이 알파 리듬보다 빨라질 때는 두뇌를 많이 쓰거나 스트레스나 긴장 상태라고 볼 수 있다.

대표적인 뇌파가 베타파와 감마파이다. 베타파는 13~30Hz 리듬이며 3개 리듬으로 세부화된다. 집중력을 향상을 위해 SMR파와 M-베타파를 높일 수 있도록 훈련한다. SMR파는 13~15Hz의 리듬으로 단순한 신체적 움직임 시에 발생한다. M-베타파는

15~20Hz의 리듬으로 수리 및 계산 등을 할 때 나오는 뇌파이다.

가장 빠른 리듬으로 감마파가 있는데 초당 30~50Hz의 리듬을 갖는다. 요즘 많이 주목받고 있는 뇌파 리듬이다. 고도의 인지 상태를 나타내며 좌우뇌를 활성화를 위한 지표로 활용된다. 티베트의 명상을 오래 한 고승에게서 뇌파를 측정하니 좌측 전두엽에서 감마파의 증가가 관찰되었다는 연구가 있다. 고도의 집중과 인지가 필요할 때 중요하다.

알파 리듬을 기준으로 4~8Hz의 리듬이 세타 리듬이 있다. 졸릴 때나 깊은 명상을 할 때에 나오는 리듬이다. 인지작용 시 이 뇌파가 많이 나온다면 인지장애의 소견을 확인할 수 있다.

세타파 밑의 뇌파 리듬으로 델타파가 있다. 0~4Hz의 리듬이다. 깊은 수면 시에 관찰되는 리듬으로 각성 시에 발견되면 병증과 연관이 있다. 좌뇌와 우뇌의 뇌파로 중요한 정보를 확인한다. 좌뇌는 분석, 언어 계산 등 현실에서 적극적으로 활동할 수 있는 기본적인 힘이다. 우뇌는 이미지를 상상하는 것을 담당하며 이완 상태의 기본이 된다.

좌뇌는 좀 더 빠른 리듬인 베타파가 우뇌보다 우세하고, 우뇌는 안정적인 알파 리듬이 좌뇌보다 우세하다. 반대로 우뇌가 베타파가 우세하고 좌뇌가 알파파가 우세하다면 실행 능력이 떨어지고 스트레스가 많은 상태라고 볼 수 있다. 현대인은 스트레스가 많은 시대에서 살고 있다. 뇌파를 여러 가지 과학 분야에 적용하고 있다.

2014년 6월 월드컵에서 독일과 아르헨티나의 결승전에서 하반신 마비 환자인 29세 브라질 청년이 뇌파를 이용하여 축구공을 차는 장면이 화제가 되었다. 손가락도 못 움직이던 환자가 현대과학을 통해 기적 같은 일을 해낸 것이다. 당시 생방송 때 메인 중계 카메라맨이 다른 곳을 비추어 실제 공을 차는 장면이 방송되지 못했다.

뇌파는 거짓말 탐지기, 주의력 향상 등 다양한 분야로의 발전이 기대된다. 뇌파는 마음의 거울이다. 아직 많은 연구가 되어야 하지만, 뇌 연구에 활용할 수 있는 좋은 도구이다. 저렴한 비용으로 생체신호를 통해 뇌의 기능을 빠르게 알 수 있는 활용도가 높은 도구이다.

두뇌 활용 능력 검사기기 스마트브레인

2013년 브레인트레이너 협회는 브레인트레이너 전용 뇌파 측정기인 '스마트브레인'을 출시했다. 스마트브레인(Smart Brain)은 사람의 뇌에서 발생하는 전기신호인 뇌파를 활용하여 두뇌 활용 능력을 측정 및 분석하며, 두뇌 활용 과정에 관여하는 고도의 인지 기능을 신경생리학적 뇌파 지표들을 통해 객관적이고 정확하게 평가하는 검사 장비이다. 특히 스마트브레인은 교육부 지원으로 B기술연구소의 의뢰를 통해 국내 A 종합병원 임상시험센터에서 진행된 개발 연구 사업의 지표를 사용했다. 이를 통해 성별, 연령대별 정규 분포의 평균과 표준편차를 확보하고, 통계적 표준 점수를 산정하여 각 분석지표들에 대한 통계적 임상 해석 기준을 마련하는 등 타당도와 신뢰도를 확보했다.

스마트브레인 뇌파 검사를 통해 처음에는 지각, 두 번째는 기억, 세 번째는 계산, 네 번째는 추리, 다섯 번째는 판단, 마지막은 반응 등의 순서로 인지 과제를 진행하는 동안 뇌파를 측정한다. 뇌파를 측정하면서 나타난 파형을 분석하여 좌뇌와 우뇌의 균형, 인지강도, 인지속도, 두뇌 스트레스, 집중력 등의 세부적인 중추신경계의 기능을 구체적으로 진단한다.

인지능력은 유전적 영향이 큰 잠재 능력이다. 특히 어휘력이나 수리능력은 기존 교육에 의해서 습득되는 것으로 이러한 요소들이 인지검사에 포함되면 '순수지능'을 측정하기 어려워진다. 브레인테스트 티엠(BrainTest™)에서 사용하는 도형 유추의 측정 방법은 이 같은 요소를 배제한 '순수지능'을 측정하는 최상의 방법으로 알려져 있다.

스마트브레인은 고도의 인지기능을 포함한 모든 사고와 감정, 행동을 주관하는 전두엽 부위에 뇌파 전극 밴드를 착용하여 두뇌 활용 능력을 측정한다. 집중 강도와 지속력에 따른 집중력 검사,

정서 상태를 분석한 좌뇌와 우뇌의 활성도에 의한 문제 해결 성향 검사, 두뇌 스트레스 검사, 문제 판단력에 근거한 순간 판단력 검사, 문제 판단력에 근거한 순간 기억력 검사, 활성 뇌파의 세부 리듬 검사를 하여 세부 평가를 할 수 있다.

뉴로피드백 및 P300

뉴로피드백은 바이오피드백의 하나이다. 뇌파로부터 얻은 정보에 대한 시각적, 청각적 피드백을 통하여 뇌파 정보를 조절하는 방법이다. 이를 통해 뇌를 더 활동적이고 건강하게 관리할 수 있다. 아침에 세수한 후에 거울을 보는 것과 비슷하다. 거울을 보면서 머리와 얼굴, 옷매무새를 흐트러짐 없이 가다듬을 수 있다. 마찬가지로 자신에 대한 뇌파 정보를 통해 원하는 방향으로 뇌파를 조절할 수 있다. 원하는 변화에 관한 정보를 얻으면 변화를 일으키려는 행동이 강화되어 변화가 일어나기 쉬워진다는 작동 이론에 근거한 훈련법이다.

뉴로피드백의 장점은 스스로 뇌를 조절할 수 있다는 것이다. 고기를 잡아서 일시적으로 배고픔을 해결해주는 것이 아니라, 물고기를 스스로 잡을 수 있도록 능력을 키워주는 것이다. 자율적인 조절 능력이 향상되어 자전거 배우기처럼 한번 감각을 익히면 오랫동안 활용할 수 있다.

뉴로피드백은 현재 긴장을 풀어주는 두뇌 이완 뉴로피드백, 집중력을 강화하는 집중력 강화 뉴로피드백, 좌우뇌를 균형 있게 발달시키는 좌우뇌 균형 뉴로피드백 3가지 방법을 사용한다.

두뇌 이완 뉴로피드백 훈련을 통해 두뇌가 긴장이 없어지고 편안하게 이완되는 것을 느끼고 이완하는 방법을 배운다. 이를 통해 몸과 마음이 긴장되었을 때 뉴로피드백 없이도 이완 상태를 관리할 수 있게 된다. 현대인은 사회생활을 하다 보면 긴장과 스트레스를 많이 받는다. 이완 뉴로피드백은 이런 상황을 적절하게 대처하고 해결할 수 있는 좋은 방법이다.

집중력 강화 뉴로피드백 훈련도 집중력이 있는 상태에 대한 느낌을 터득하는 것이다. 그래서 집중이 필요할 때에 원하는 목표를 위해 빠르게 집중력을 높일 수 있게 된다. 어떤 목표나 과제에

대해 빠르게 집중하고 유지할 수 있다면 원하는 방향으로 삶을 이끌 수 있을 것이다. 그러한 요소에 중요한 부분이 집중력이다. 학교나 직장에서 그리고 다양한 사회 속에서 집중력을 강화하는 뉴로피드백 훈련은 아주 중요하다. 집중력은 아직 어려운 부분이 많다. 정확하게 어떤 원리로 조절하고 감각을 터득해야 하는지 연구를 해야 한다.

좌우뇌 균형 뉴로피드백은 좌우뇌 활성 리듬의 균형을 맞추는 훈련이다. 좌뇌의 활성도에서 우뇌의 활성도를 빼는 방식이다. 플러스로 숫자가 클수록 좌뇌가 활성화된 것이고, 마이너스로 숫자가 클수록 우뇌가 활성화된 것이다. 좌우뇌가 균형 있게 발달되어야 복합적인 과제를 해결하는 데 도움이 된다. 평상시 잘 활용하지 않는 반대쪽의 뇌를 활성화하고 계발하는 훈련이다. 좌뇌는 언어적, 합리적, 논리적, 순차적, 추상적 활동이 우뇌는 종합적, 공간적, 구체적, 직관적, 총체적 정보 처리 시 활동이 우세하다.

뉴로피드백과 더불어 뇌파 분야에서 활용되고 있는 것이 P300 검사라 불리는 유발뇌파이다. 유발뇌파는 시각, 청각, 촉각 등의 자극을 주었을 때 반응하는 뇌파를 측정하는 방법이다. 대표적인 유발뇌파가 자극 제시 후 300ms 후에 나타나는 뇌파를 보는 P300이다. 이 검사 방법으로 'Oddball Task'가 활용되는데 흔한 자극과 드문 자극을 8대 2의 비율로 제시한다. 예를 들어 동그라미는 흔한 자극, 세모는 드문 자극이라고 하자. 동그라미가 8번 정도 보이고 세모는 2번 정도만 보인다. 검사자는 세모가 나올 때만 반응을 해야 한다. 이를 통해 주의력 등을 파악할 수 있다.

P300 검사는 거짓말 탐지기에 적용된다. 경찰청에서도 P300 검사를 통해 범죄 해결에 활용하고 있다. 말과 표정은 속일 수 있어도 뇌에 일어나는 미세한 반응은 속이기가 어렵기 때문이다.

뇌가소성의
미래

4차 산업혁명

인류는 몇백 년이 지나기도 전에 큰 변화를 경험하고 있다. 18세기 중반 증기기관에 기반한 1차 산업혁명인 기계화 혁명이 시작되었다. 증기기관을 활용하여 철로가 개설되고 영국을 중심으로 섬유공업이 발달했다. 19세기 말부터 20세기 초까지 이어진 2차 산업혁명은 전기와 생산 조립 라인을 통하여 대량생산을 가능하게 했다. 제3차 산업혁명은 1960년대에 시작된 PC, 반도체, 인터넷 등을 통한 디지털 혁명의 시대이다. 미국 주도의 글로벌 IT 기업이 부상하면서 지식정보 혁명을 이끌었다.

4차 산업혁명의 시대가 시작되었다. 사람, 사물, 공간이 초연결되고 초지능화되고 있다. 산업구조 시스템의 혁신적인 변화가 예상된다. 인공지능을 필두로 여러 가지 새로운 서비스가 현실화되고 있다. 이미 미국에서는 무인 택시가 서비스되고 있다. 여러 분야에서 인간을 뛰어넘은 인공지능이 현실화되고 있는 것이다.

대표적인 사건이 2016년 3월 세계의 이목이 쏠린 '알파고' 이벤트였다. 구글의 바둑 인공지능 프로그램인 알파고와 바둑 세계 챔피언인 이세돌 9단의 대결이었다. 알파고는 이세돌 9단을 4대 1의 점수로 승리를 거두었다. 구글은 이 이벤트를 통해 인공지능의 강자로 자리매김했다. 그러나 알파고가 뛰어난 계산 능력이 있어도 인간의 창조성을 따라잡지는 못한다.

선진국이 뇌 연구를 위해 막대한 연구비를 투자하고 있다. 4차 산업혁명 시대에 뒤처지면 안 된다는 절박한 현실을 반영한 것이다. 미국은 2013년부터 5조 5000억 원을 쏟아 붓는 '브레인 이니셔티브(BRAIN initiative)'를 시작했다. 860억 개의 신경세포를 연결하는 수조 개의 시냅스를 모두 그리겠다는 것이다. 유럽은 '휴먼 브레인 프로젝트'를 통해 1조 4000억 원을 투자한다. 중국은 '차이나 브레인 프로젝트'를 통해 15년간 5조 7,000억 원을 투자한다.

우리나라도 선진국에 뒤처지지 않기 위해 노력 중이다. 1998

년 뇌연구촉진법을 제정했다. 2018년부터는 3차 뇌 연구 계획의 비전은 혁신적 뇌 융합 기술을 개발하고 산업화 기반을 마련해 뇌 연구 신흥강국으로 도약하는 것이다.

2017년 5월 4일 조선일보는 '고흐가 광화문을 그렸다?'는 제목의 기사를 내보냈다. 구글의 인공지능인 '딥드림(Deep Dream)'이 그린 그림이었다. 딥드림은 기존에 학습한 회화 데이터베이스를 기반으로 빈센드 반 고흐의 작품을 모사하는 훈련을 받았다. 딥드림이 그린 29점의 작품은 지난해 2월 샌프란시스코 미술 경매에서 총 9만 7000달러에 판매되었다. 딥드림의 '작품' 중에는 한 점당 8,000달러에 팔린 것도 있다. 미술·음악·소설까지 인공지능의 범위가 확대되고 있다.

테슬라의 CEO 일론 머스크는 2016년 '뉴럴 링크(Neural Link)'라는 기업을 설립해 인간의 뇌와 인공지능을 결합하는 '뉴럴 레이스(Neural Lace)'를 연구 중이다. 2020년 8월 28일 일론 머스크는 뉴럴링크 라이브스트림에서 뇌-컴퓨터 접속 장치 '링크'를 발표했다. 동전 크기의 작은 디바이스를 인간의 두개골 아래에 이식하고 1,024개의 실 모양 전극을 로봇을 이용해서 뇌에 심어 넣겠다고 했다. 그러면 리모콘을 들고 버튼을 눌러 TV를 조작하거나, 컴퓨터를 검색하기 위해 키보드를 누를 필요가 없다.

2019년 최정미 인체항노화표준 연구원장은 5분 뇌파 측정을 통해 치매 위험군을 선별하는 방법을 국제학술지 네이처 자매지인 〈사이언티픽 리포트Scientific Reports〉에 기재했다. 이 방법은 현재 사용되고 있는 선별 검사인 간이 치매선별검사(MMSE)와 같은 수준의 진단 능력을 보여주고 있다. 기존 치매 정밀 진단을 위해서는 2시간이 걸리는 치매 선별 검사지 설문조사에 이어 자기공명영상장치(MRI), 양전자방출단층촬영(PET), 뇌척수액(CSF) 등을 추가로 검사해야 한다. 최정미 원장은 "뇌파 측정만으로 치매 선별검사지 수준으로 위험군을 찾을 수 있는 것은 최초의 보고."라고 의미를 부여했다.

새로운 뇌 연구 기술은 다양한 분야에서 뇌 과학의 미래에 많은 가능성을 보여주고 있다. 한양대학교 뇌공학 연구센터 임창환 센터장은《브레인 3.0》에서 '인공지능의 완성'에 대해 소개했다.

"구글은 2035년이면 로봇이 인간을 완전히 대체할 것이라고 예측했습니다. 세계적인 시사주간지 〈타임〉도 2036년이면 인공지능의 지적 능력이 인간을 뛰어넘을 것으로 예상했습니다. 심지어 현재의 발전 속도가 지속된다면 2045년이 됐을 때, 인공지능 컴퓨터 한 대가 전 인류의 지성을 합한 것보다 더 뛰어난 성능을 보일 것이라는 파격적인 예상을 내놓기도 했습니다."

과학기술이 모든 것을 해결해 줄 것인가? 아니면 영화 매트릭스가 현실이 될 것인가? 미래학자들은 현재 인류가 중요한 갈림

길에 있다고 한다. 미래학자 게르트 레온하르트는 "기하급수적으로 모든 것을 삼키는 기술 변화에 직면한 우리는 인간성의 우위를 어떻게 유지할 수 있을까? 인간성은 변화의 요구에 직면할 것이다. 다가오는 20년간의 변화는 과거 300년간 겪은 것보다 더 클 것이다."라고 이야기했다. 이를 해결하는 열쇠는 모두 인류에게 그리고 뇌를 어떻게 활용하느냐에 달려 있다.

인공지능이 인간을 지배한다

4차 산업혁명과 인공지능의 발전은 인류에게 어떤 결과를 가져다줄 것인가? 현재 과학화되면서 부족한 소득격차 불균형, 환경오염, 과도한 경쟁에 대한 문제를 풀어줄 것인가? 현재의 흐름을 보면 그렇지 않다. 이제까지 경쟁했던 것처럼 한발 앞서기 위해 앞만 보고 뛰고 있다.

2020년 5월 15일자 조선일보는 옥스퍼드대 마틴 스쿨 일자리 프로그램을 총괄하는 칼 베네딕트 프레이 박사와의 인터뷰를 특집 기사로 실었다. 프레이 박사는 2013년에 '고용의 미래' 보고서에서 현재 직업의 47%가 로봇에 의해 20년 안에 사라질 것이라고 발표했다.

프레이 박사는 "로봇은 단순히 인간의 일자리를 뺏는 것이 아니다." "로봇으로 인해 사회 분열이 심화하고 최소 수년 동안 경제 전반이 불안해질 것에 대비해야 한다."라고 경고했다. 프레이 박사가 조사한 483개 직종 중 113개가 디지털 기술로 원격 수행이 가능하다. 이는 전체 미국 노동시장의 52%를 차지한다. 산업혁명으로 전례 없는 빈부격차가 야기되었듯, 로봇 등 자동화도 비슷한 사태를 만든다.

가장 크게 타격을 입을 직업은 텔레마케터, 화물·운송 중개인, 시계 수선공, 보험 손해사정사로 조사되었다. 전화 교환원, 부동산 중개인, 계산원, 택시기사도 고위험군이었다. 전문직인 판사나 경제학자도 안전지대가 아니었다. 안전한 직업으로는 레크리에이션을 활용한 치료 전문가, 큐레이터, 성직자, 인테리어 디자이너 등 창의성과 감수성을 요구하는 직업이 상위권을 기록했다.

코로나 이후 로봇 도입 더 빨라질 것으로 전망하면서 네 가지 근거를 들었다.

첫째, 회사는 침체기 동안 비용을 절감하기 위해 저숙련 일자리를 자동화할 것이다.

둘째, 소비자들은 저렴한 셀프 계산대가 있는 슈퍼마켓으로 가게 될 것이다.

셋째, 회사들은 전염병 리스크를 최대한 줄이려 할 것이다.

넷째, 인건비 상승 등을 줄이기 위해 자동화를 선택하게 된다.

어떻게 대비해야 할 것인가? 프레이 박사는 "로봇 시대에 맞는 교육 분야의 주요 개혁이 필요하다. 특히 로봇에게 직업을 잃게 된 사람들이 짊어지게 될 부정적인 결과를 완화하기 위한 유아 교육이 절실하다. 초·중·고교와 대학 교육과정 개편으로 직업 전환에 대한 장벽도 줄여야 한다."라고 이야기했다.

우리는 어떻게 대비해야 할까? 아직도 경쟁은 치열하다. 기존처럼 성적만 잘 나오면 될 것인가? 남은 직업은 얼마 되지 않는다. 경쟁은 얼마나 더 치열해질 것인가?

영국의 천재 물리학자 스티븐 호킹 박사는 "인공지능이 인류에게 재앙이 될 수 있으며 인류의 최후의 성과가 될 수도 있다."라고 말했다. 앞으로 이런 문제를 어떻게 해결해야 할 것인가? 브레이크 없이 속도를 높이고 있는 자동차가 보인다. 막다른 도로를 앞에 두고 있는 것이 보인다. 브레이크를 밟으면 결승선을 놓친다. 결승선으로 들어가 승자가 될 것인가? 스스로 물어보고 답을 찾아야 한다.

대한민국에 이런 학교가 있었네?

우리나라는 OECD 국가 중 청소년 자살률 1위, 행복 지수 5년 연속 꼴찌이다. 이처럼 대한민국 청소년들의 정신 건강은 굉장히 심각한 수준이다. 그러나 속 시원한 대안은 아직까지 내놓지 못하고 있다.

뇌를 잘 활용한 모델은 누구일까? 세계적으로 유명한 벤자민 프랭클린을 꼽을 수 있다. 보스턴에서 비누와 양초를 만드는 집안의 15번째 아이로 태어난 그는 10살 때 집안 형편으로 인해 다니던 학교를 그만두고 형의 인쇄소에서 일을 배우기 시작했다. 그는 가난한 집에서 태어나 근면과 성실함으로 여러 분야에서 성과를 이룬 뇌가소성 인간상의 전형으로 열효율이 높은 난로, 사다리 의자, 다초점 안경, 피뢰침 같은 유용한 물건을 발명했고 특허 등록을 하지 않고 누구나 사용할 수 있게 했다.

그는 정규교육 과정을 받지 않았다. 그런데도 언론인, 사업가, 정치인, 발명가, 외교관, 저술가 등 다양한 분야에서 활동했다. 그 배경에는 인격 완성의 삶을 선택하고 13가지 실천덕목을 세워 실천한 실행력이 있다. 또한 녹록치 않은 가정환경과 17살 어린 나이에도 용감히 필라델피아로 떠나 자신이 하고 싶은 일을 했다.

벤자민인성영재학교(이하 벤자민 학교)를 설립한 이승헌 총장은 세계적인 IT 기업을 창업한 빌 게이츠, 스티브 잡스, 마크 저커버그 같은 인물의 공통점이 대학을 중도에 그만두고 자신의 아이디어에 몰두했다는 점이라고 했다. 산업의 급격한 변동을 앞두고 우리나라에 인재는 많지만, 미래를 이끌 창의적 인재가 필요함을 느꼈다. 수년간 궁리한 끝에 답을 찾은 것이 벤자민 플랭크린을 모델로 학교를 만들었다.

2014년에 우리나라 최초의 고교 완전자유학년제인 학교가 설립되었다. 벤자민의 삶은 정규 교육 과정을 벗어나 세상을 학교 삼아 다양한 도전을 하는 벤자민 학교 학생들에게 큰 지침서가 된다. 벤자민 학교의 교육 과정은 일 년이다. 그 일 년 동안 자기가 원하는 체험을 하면서 자신의 꿈을 찾고 사회에 공헌하는 활동을 하도록 하고 있다. 그리고 과학영재, 수학영재가 아닌 인성이 바른 인성영재가 되는 교육을 받는다.

벤자민학교 명예이사장인 이수성 전 국무총리는 제1회 벤자민 그랜드 페스티벌에서 벤자민 학교 학생은 대한민국을 넘어 지구를 이끌어 갈 인성영재라고 했다.

"대한민국은 무한 경쟁 속에서 극도의 이기심에 사로잡혀 있고, 학생들은 대학 입시의 노예가 되어 가고 있다. 이래서는 나라가 발전할 수 없다. 하지만 당당하고 자신감 있으며 행복해하는 학생들을 보면서 걱정을 덜고 희망이 보인다."라며 "여러분들은 단순히 대한민국의 자랑이 아니라 인간 모두의 행복과 평화를 이루는 미래의 지도자이다. 홍익인간 정신을 되새기고 여러분들이 대한민국에 큰 선물을 안겨 달라."라고 당부했다.

벤자민 학교의 김나옥 교장은 공교육 교사, 국립 서울맹학교 교감, 교육부 교육정책 담당자 등 28년간 걸어온 공교육을 그만두고, 혁신적인 대안고교를 선택했다. 그녀는 "모든 학생들이 가슴속에 꿈을 가지고 있다. 자기만의 꿈을 찾을 수 있는 시간과 환경이 만들어지기를 응원한다."라고 했다.

벤자민 학교 2기를 졸업한 홍다경은 현재 자원순환 크리에이터로 활동 중이다. 다경이는 벤자민 학교를 다니면서 40개에 가까운 프로젝트를 수행했다. 영남일보 마라톤 대회, 경혜여중 담장벽화 그리기, 개인 그림 전시회, 세계시민교육 스피치 대회에서 최우수상 수상, 네팔 지진 돕기 프리절 모금 활동 등 많은 활동을 해왔다. 이런 활동을 통해 자기 자신은 물론, 주변 사람들의 빛나는 가치까지 알아보는 눈을 갖게 되었다. "벤자민 학교를 다니면서 제가 어떤 사람인지 알게 되었어요. 공부를 왜 해야 하는지, 계획이 왜 필요한지도 알게 되었고요. 제 인생이잖아요."라고 말했다.

다경이는 '지지배(지구를 지키기 위한 배움이 있는 곳)'라는 지구지킴이 환경 단체를 설립해 열정적인 활동을 하고 있다. 22세에 대한민국 신지식인상을 수상하고, 2018 대한민국 청년 연설대전에 나가 국회의원상을 받았다. 앞으로 폐기물 정책 전문가가 되어서 전 세계 폐기물 문제를 해결하는 발판이 되고 싶다고 이야기한다.

벤자민학교는 '뇌 교육'을 기반으로 철학, 원리, 방법론의 교육 모델을 갖추고 있다. 학교의 명칭에 인격 완성의 상징이라 할 수 있는 '벤자민 프랭클린'을 성장 모델로 삼고, 인류의 보편적 가치인 '인성'과 저마다의 재능을 꽃피우도록 하는 '인성 영재'라는 새로운 인재상을 제시했다.

두뇌 훈련 전문가 브레인트레이너

브레인트레이너는 대한민국 교육부에서 인가한 국가공인 자격증이다. 민간 자격증은 2021년 1월 31일 현재 4만 개를 넘는다. 그러나 이중 국가공인 자격증은 96개이다. 교육부에서 인가한 자격증으로는 서울대에서 운영하는 텝스, KBS에서 운영하는 한국어능력시험, 그 외 한자, 컴퓨터 능력 시험 등이 있다. 브레인트레이너는 두뇌 훈련 분야에서의 국가공인 자격이다.

브레인트레이너는 두뇌 기능 및 두뇌 특성 평가에 관한 체계적이고 과학적인 이해를 기반으로 대상자의 두뇌 능력 향상을 위한 훈련 프로그램을 제시하고 지도할 수 있는 두뇌 훈련 전문가를 말한다. 두뇌 훈련은 시청각을 포함한 오감의 감각자극, 신체활동, 심상, 사고활동 등을 통해 지속적으로 뇌에 정보를 입력하고 이를 실행함으로써 이루어진다. 두뇌 훈련은 뇌의 변화 능력인 뇌가소성에 바탕을 두고 있다.

두뇌 훈련의 궁극적인 목적은 두뇌를 잘 관리하고, 두뇌의 기능을 잘 활용하여 삶의 질을 향상하는 것이라 할 수 있다. 두뇌 훈련의 주요 목적을 살펴보면 다음과 같다.

- 저하된 두뇌 능력을 정상 수준으로 회복한다.
- 두뇌의 기능을 유지한다.
- 두뇌의 기능을 향상시킨다.
- 두뇌의 잠재 능력을 계발한다.
- 두뇌 기능을 잘 활용하여 원하는 것을 이룬다.
- 삶의 질을 향상시키고 나아가 인류 공영에 기여한다.

브레인트레이너협회 전세일 협회장(전 CHA 의과대학 통합의학 대학원장)은 나이가 올해 86세이다. 양방과 한방 자격을 가진 세계적인 대체의학의 석학이다. 현재도 강의, 연구 등 활발하게 활동 중이다. 그는 2018년 국립서울과기대 브레인아카데미과정에서 '지금은 브레인트레이너시대: 뇌를 활용한 새로운 건강 패러다임 제시'를 주제로 강연을 열었다.

"진정한 건강은 육체적, 정신적, 사회적, 영적으로 건강함을 의미한다. 현재의 의료 시스템에서는 이 모든 것을 해결하기 어렵지만, 육체적, 정신적, 사회적, 영적인 활동을 관장하는 뇌를 관리한다면 생애주기별 맞춰 두뇌 훈련을 통해 정상적인 뇌파로 삶의 질은 더욱 풍요로워질 것이다." 라고 두뇌훈련의 필요성을 이야기했다.

글로벌 사이버 대학교 오창영 뇌교육융합학과 학과장은 '2019 뇌교육 융합심포지엄'에서 "21세기 미래 자산인 뇌를 선점하기 위해 선진국들은 뇌 과학을 통한 뇌 기능 및 구조적 탐구, 뇌 질환 연구 등에 막대한 투자를 하고 있다"라며, "한국은 세계에서 처음으로 뇌 교육 분야의 4년제 학사, 석박사 학위과정을 갖춘 대학, 대학원이 설립되고 두뇌 훈련 분야 브레인트레이너 자격이 국가공인화된 나라인 만큼, 뇌 활용 분야의 영역별 전문가 양성이 중요하다."라고 강조했다.

노형철 브레인트레이너협회 사무국장은 "불과 10년 전만 하더라도 생소했던 뇌가 최근 대중적으로 많이 알려지기 시작했다. 뇌의 집중력, 기억력, 사고, 추리, 계산 능력뿐 아니라, 명상과 같이 뇌 건강에 도움이 될만한 다양한 방법들이 제시되고 있고, 이런 흐름을 주도할 수 있는 전문가로 국가공인 브레인트레이너가 주목받기 시작했다."라고 말했다.

한국고용정보원 홈페이지에 이색 직업으로 브레인트레이너를 소개하면서 뇌 훈련 전문가를 소개하고 있다. 미국과학재단 등이 21세기는 뇌 융합시대가 될 것이라고 예언한 것처럼 우리나라에서도 1998년부터 '뇌 연구 촉진법'이 제정되어 뇌 연구에 관한 관심이 커지고 있다. 특히 현대 사회의 문제로 대두되는 우울증, 자살, 학교폭력 문제 등이 불거지면서 뇌 건강에 대한 관심은 더욱 커질 것이고, 이에 따라 뇌 훈련을 돕는 전문가의 수요도 늘 것으로 보인다.

고용노동부 주무관인 고정민은 자신의 저서《미래 유망 직업 콘서트》라는 책에서 브레인트레이너를 미래 유망 직업 50개에 포함시켰다. EBS 뉴스 〈꿈을 job아라〉 코너에서는 '뇌섹남 시대, 뇌 훈련시키는 브레인트레이너'를 소개했다. 한국직업방송 '신직업의 발견', 조선일보 '세상에 이런 직업이?' 취업난 탈출을 위해 도전해 볼만한 이색 직업 등 주요 언론에서 소개했다. 한국고용정보원은 대학교 졸업 후 취업을 하려는 청년들에게 다양한 직업 세계에 관한 정보를 전달해주고 있다. 브레인트레이너를 교육학과 추천 직업으로 선정했다.

브레인트레이너 자격시험은 필기와 실기 시험으로 구성되어 있고 1년에 3차례 치러진다. 필기는 5지선다형, 실기는 필답형으로 두뇌훈련지도에 필요한 두뇌의 구조와 기능, 두뇌특성평가법, 두뇌훈련법, 두뇌훈련지도법 4과목에서 출제된다. 국가공인 브레인트레이너 자격시험 관련 정보는 브레인트레이너 자격검정센터 홈페이지(www.braintrainer.or.kr)에서 볼 수 있다.

부록

1.전뇌의 구조와 대표적 기능

종류	기능
전두엽	고도의 인지기능, 판단, 운동 계획, CEO 전체 뇌를 관장하고 통제
후두엽	시각 정보 처리
측두엽	청각, 기억, 언어
두정엽	체감각 신호 통합
뇌성엽	미각 정보 처리
해마	새로운 세포생성, 공간기억, 기억, 스트레스 호르몬 코티솔 농도 조절
편도체	감정의 라벨링, 공포, 두려움 정서에 강한 반응
시상	뇌의 한가운데, 감각신호 통합
시상하부	신진대사, 항상성, 식욕 조절, 호르몬 분비 통제

전두엽

두정엽

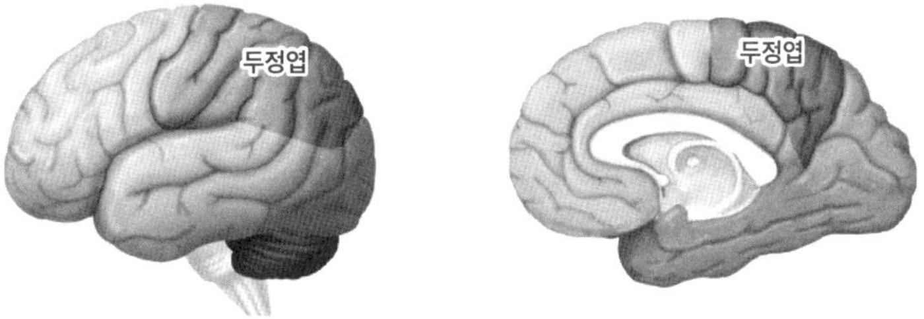

측두엽

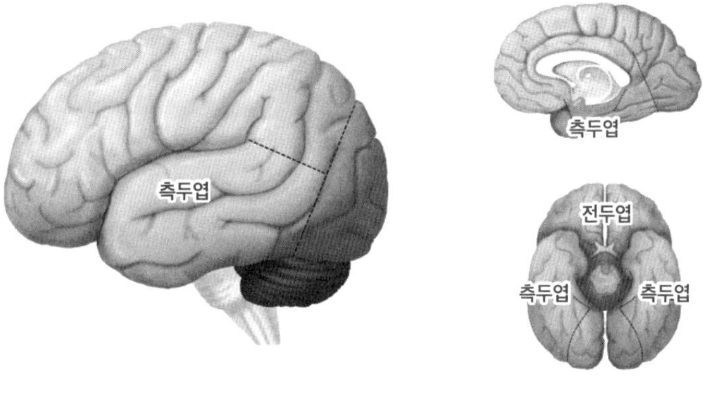

후두엽

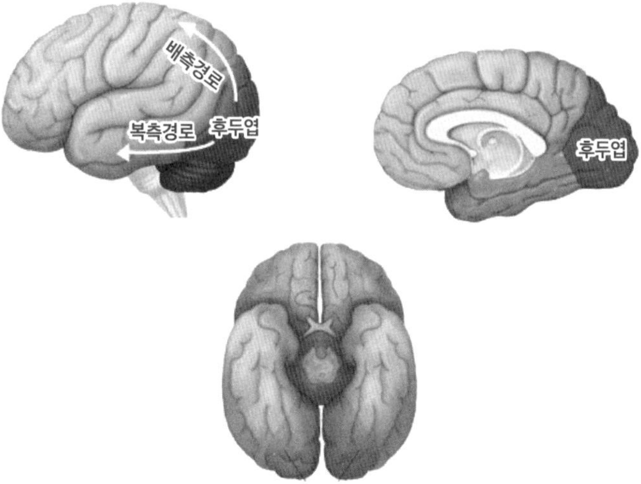

뇌섬엽

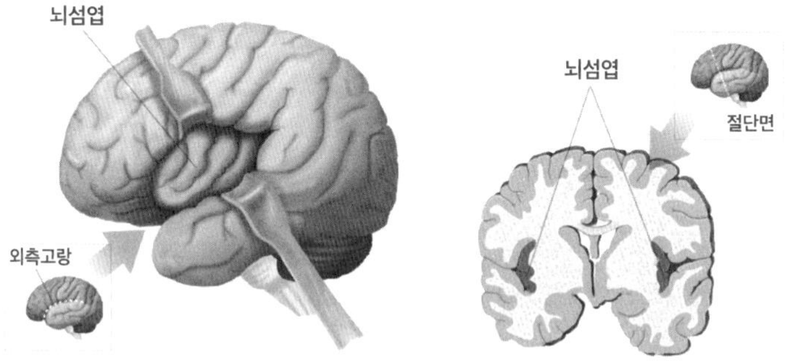

대상회

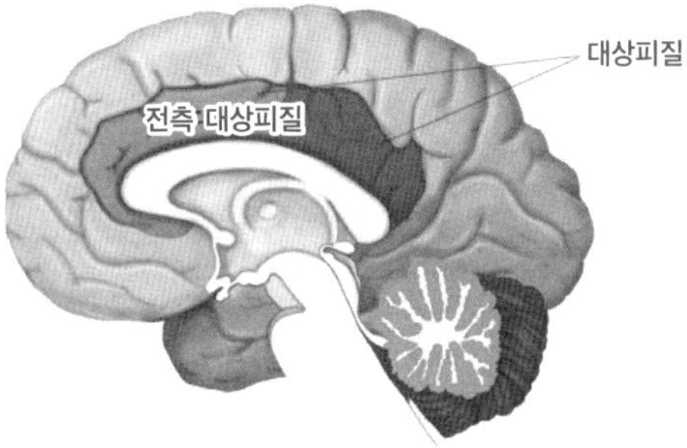

편도체

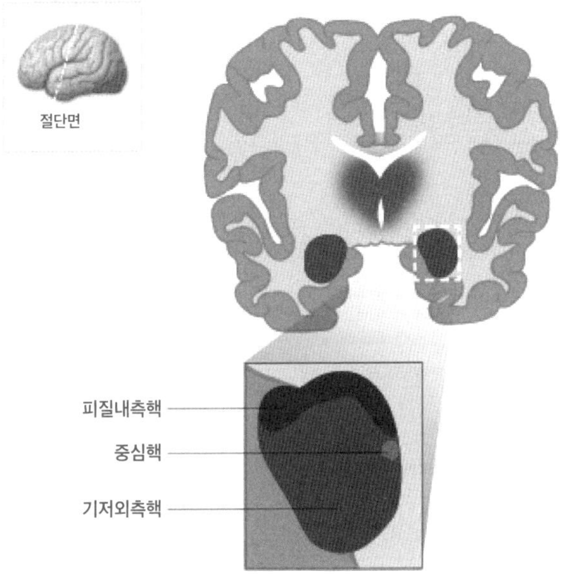

해마

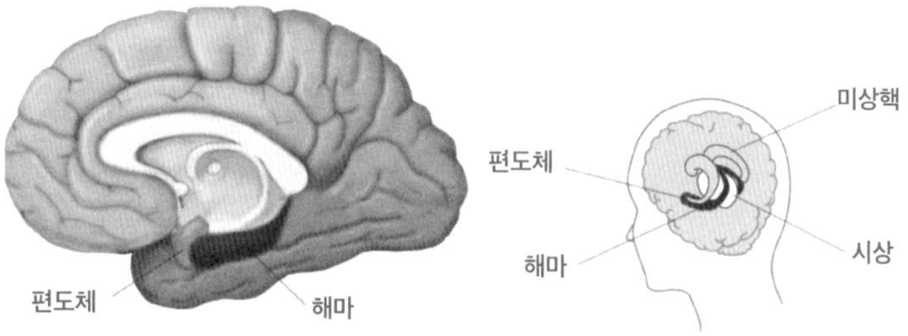
미상핵
편도체
시상
해마
편도체
해마

시상

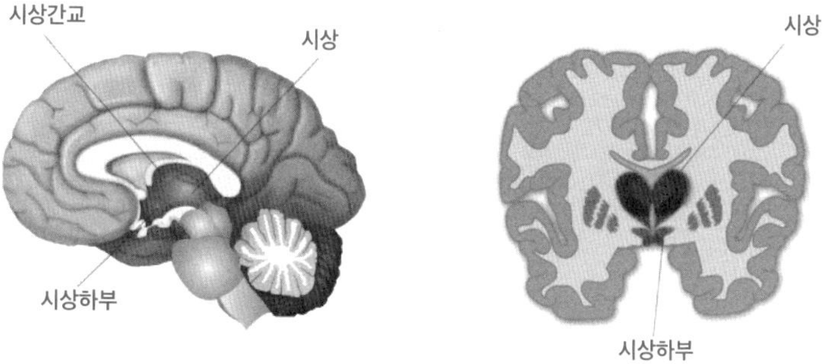
시상간교
시상
시상하부
시상
시상하부

시상하부

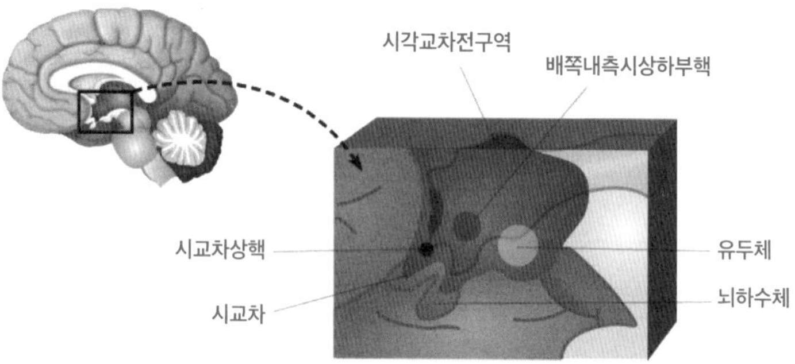
시각교차전구역
배쪽내측시상하부핵
시교차상핵
유두체
시교차
뇌하수체

2. 중뇌와 후뇌의 구조 및 대표적 기능

구조	종류	기능
중뇌	덮개 피개	(상구) 안구운동 (하구) 귀의 정보를 시상에 보냄 수의 운동[머리와 눈의 움직임]
후뇌	뇌교(교뇌)	대뇌피질과 소뇌 연결
	소뇌	운동통제센터, 의식조절
	연수	호흡, 심장박동, 구토, 침분비, 재채기 등 생명 유지

뇌간

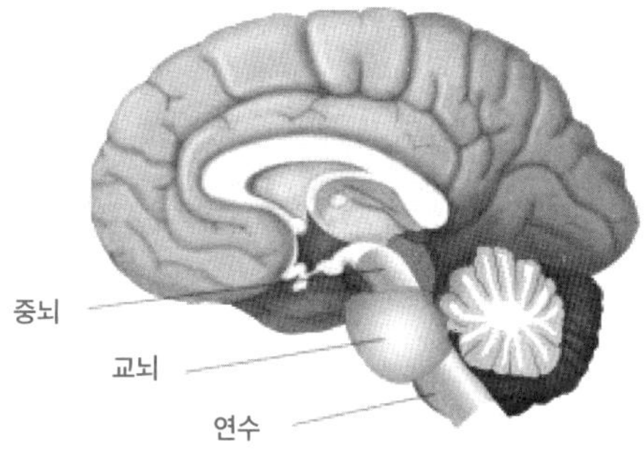

소뇌

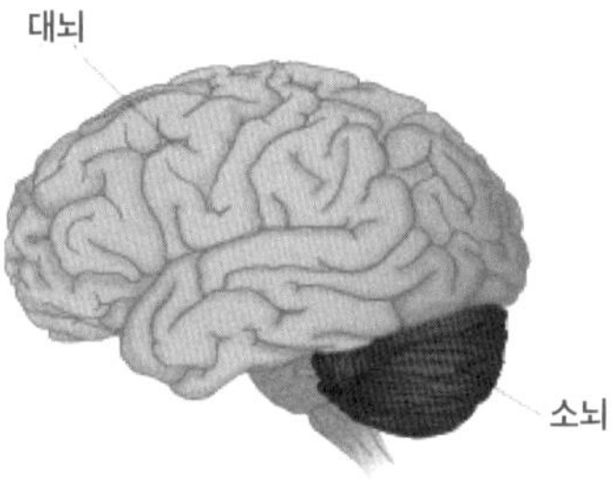

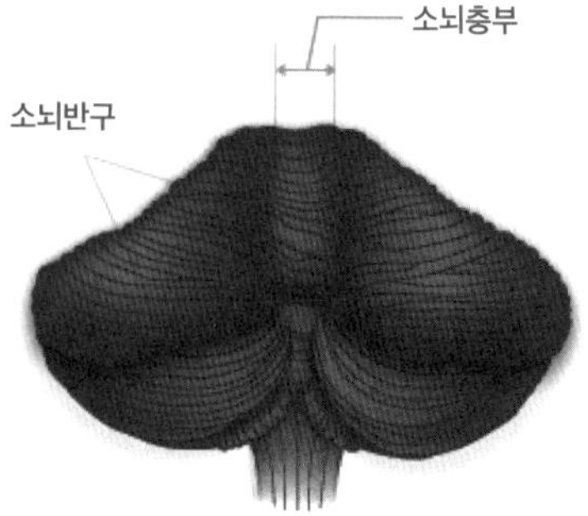

3. 자율신경계(교감신경과 부교감신경의 특징)

기간	교감 신경	부교감 신경
동공	확대	축소
침샘	점액, 효소 분비	물 분비
심장	수축력, 맥박 증가	맥박 감소
폐	기관지 확장	기관지 수축
소화관	운동성, 소화효소 분비 감소	운동성, 소화효소 분비 증가
췌장	소화 효소, 인슐린 분비 억제	소화효소, 인슐린 분비 촉진
방광	오줌 방출 억제	오줌 방출 촉진
땀샘	땀 분비 촉진	땀 분비 억제
생식기	사정 촉진	발기 촉진

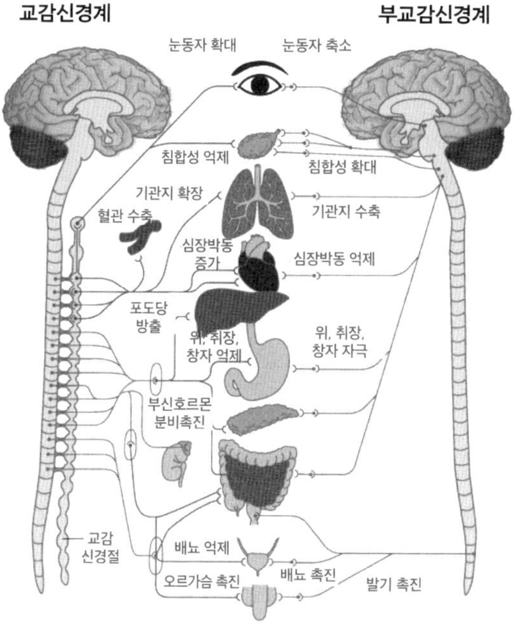
교감신경계
부교감신경계
눈동자 확대
눈동자 축소
침합성 억제
침합성 확대
기관지 확장
기관지 수축
혈관 수축
심장박동 증가
심장박동 억제
포도당 방출
위, 취장, 창자 억제
위, 취장, 창자 자극
부신호르몬 분비촉진
교감 신경절
배뇨 억제
배뇨 촉진
오르가슴 촉진
발기 촉진

참고 도서

《해피 브레인》, 히사쓰네 다쓰히로, 함께 북스, 2008.
《신경과학 뇌의 탐구 4판》, BEAR 외, 바이오메디북, 2018.
《뇌와 행동의 기초》, KOLB 외, 시그마프레스, 2012.
《변화하는 뇌》, 한소원, 바다출판사, 2020.
《이완반응》, 허버트벤슨, 페이퍼로드, 2020.
《스스로 치유하는 뇌》, 노먼 도이지, 동아시아, 2018.
《뇌한복판으로 떠나는 여행》, 장 디디에 뱅상, 해나무, 2010.
《뷰티풀 브레인》, 다니엘 G, 에이먼, 판미동, 2012.
《뇌안의 위대한 혁명 BOS》, 일지 이승헌, 국제뇌교육종합대학원출판부, 2008.
《움직여라 당신의 뇌가 젊어진다》, 안데르스 한센, 반니, 2018.
《운동화 신은 뇌》, 존 레이티 외, 녹색 지팡이, 2019.
《인스타 브레인》, 안데르스 한센, 동양북스, 2020.
《되살아나는 뇌의 비밀》, 이쿠타 사토시, 가디언, 2010.
《기적을 부르는 뇌》, 노먼 도이지, 지호, 2018.
《클린 브레인》, 데이비드 펄머터 외, 지식너머, 2020.
《내가 왜 이러나 싶을 땐 뇌 과학》, 카야 노르뎅엔, 루비페이퍼, 2019.
《뇌가 지어낸 모든 세계》, 엘리에저 스턴버그, 다산사이언스, 2019.
《좌뇌와 우뇌 사이》, 마지드 포투히, 토네이도, 2014.
《두뇌 안티에이징》, 샌드라 본드 채프먼, 대성 KOREA,COM, 2013.
《당신의 뇌를 리셋하라》, 존 아덴, 시그마북스, 2013.
《브레인룰스》, 존 메디나, 프런티어, 2009.
《신경가소성》, 모헤브 코스탄디, 김영사, 2019.
《물은 답을 알고 있다》, 에모토 마사루, 더난출판, 2008.
《뇌와 장의 은밀한 대화》, 에머런 메이어, 브레인월드, 2017.
《두뇌구조와 기능》, 평생교육원, 글로벌사이버대학교, 2014.
《두뇌훈련법》, 평생교육원, 글로벌사이버대학교, 2014.
《달라이 라마, 마음이 뇌에게 묻다》, 샤론 베글리, 북섬, 2008.
《이기는 정주영 지지 않는 이병철》, 박상하, 무한, 2009.
《인생은 속도가 아니라 방향이다》, 임나누엘 페스트라이쉬, 노마드북스, 2011
《뇌파진동》, 일지이승헌, 한문화, 2008.
《뇌를 바꾼 공학 공학을 바꾼 뇌》, 임창환, MID, 2015.
《뇌의 미래》, 미겔 니코렐리스, 김영사, 2012.
《한국인만 모르는 다른 대한민국》, 임마누엘 페스트라이쉬, 21세기 북스, 2013

《발달심리학》, 정옥분, 학지사, 2014.
《잘 쉬는 기술》, 클라우디아 해먼드, 웅진지식하우스, 2020.
《브레인3,0》, 임창환, MID, 2020.
《궁금했어, 뇌과학》, 유윤환, 나무생각, 2020.
《모든 것을 기억하는 여자》, 질 프라이스, 북하우스, 2009.
《브레인 푸드》, 리사 모스코니, 홍익출판사, 2019.
《마인드체인지》, 수전 그린필드, 북라이프, 2015.
《건강한 삶을 위한 운동처방기초》, Scott K. Powers 외, 대한미디어, 2016.

EBS 다큐프라임 - Docuprime_춤. 세상을 흔들다.
KBS 생로병사의 비밀 300회 특집 2부작 - 남자의 뇌·여자의 뇌 제 2부 늙지 않는 '뇌' 사용설명서
KBS 생로병사의 비밀 393회 브레인가든 뇌를 가꾸면 인생이 바뀐다

마이클 머제니치 박사 강연 ① "뇌는 나이와 상관없이 평생 활용하고 발전할 수 있는 자원"
http://kr.brainworld.com/BrainScience/19299

마이클 머제니치 박사 강연 ② "뇌가소성 활용해 치매 예방. 두뇌건강관리 의 시대 열린다"
http://kr.brainworld.com/BrainEducation/19301

글로벌사이버대학교. 기억력 천재 에란 카츠 초청 특강
http://kr.brainworld.com/BrainEducation/20785

뇌세포를 쌩쌩하게 하는 춤과 운동의 생화학적 바탕은 무엇일까
https://m.medigatenews.com/news/2973551184

음악교육 골든타임 7세 이전 … 아이 뇌 모양·뇌파도 달라져
https://news.joins.com/article/17297406

나이들어.. 뇌 건강에 걷기보다 좋다는 운동
https://www.fnnews.com/news/201902171456204031

[브레인 12주년] 글로벌사이버大. 해외서 'BTS 대학' 불려 <2>
http://kr.brainworld.com/m/media/view.aspx?contIdx=20908&menuCd=

'BTS 대학'. 뇌교육 특성화 글로벌사이버대학교
http://kr.brainworld.com/m/media/view.aspx?contIdx=21410&menuCd=

70대 한인여성 '마라톤 세계신기록'.
http://www.koreatimes.com/article/1209106

김형석 "100년 살아보니 알겠다. 절대 행복할수 없는 두 부류
"https://news.v.daum.net/v/20210129050111647?x_trkm=t

리더를 위한 BOS 5법칙
http://kr.brainworld.com/brainWorldMedia/ContentView.aspx?fromBoard=allNewsList&fromCategory=BrainLife&contIdx=21152

[뉴 리더를 만나다] 홍다경 자원순환 크리에이터
http://kr.brainworld.com/brainWorldMedia/ContentView.aspx?fromBoard=allNewsList&fromCategory=Opinion&contIdx=21309

글로벌사이버대학교. 기억력 천재 에란 카츠 초청 특강
http://kr.brainworld.com/BrainEducation/20785

꿀잠족 위한 '수면경제' 뜬다.
http://news1.kr/articles/?3587226

[프리미엄 리포트]어린이 3명 중 1명은 '수면부족'.
http://dongascience.donga.com/news/view/34109

[박진영의 사회심리학]잠이 최고의 보약
http://dongascience.donga.com/news.php?idx=41523

쌓이는 취업 스트레스… 20대 화병 환자 5년새 2배로
https://www.yna.co.kr/view/AKR20210115169100004

"현재 직업의 절반은 20년 안에 사라질 것" 직업별 컴퓨터 대체 가능성 조사
http://weeklybiz.chosun.com/site/data/html_dir/2014/07/18/2014071801870.html

"현재 직업 47%가 20년내 사라져… 정부, 교육·세제 개혁 서둘러야"
http://weeklybiz.chosun.com/site/data/html_dir/2020/05/14/2020051402529.html

음악이 뇌를 만났을 때, 과연 무슨 일이?
https://www.sciencetimes.co.kr/news

브라이언 콜브 https://youtu.be/GduvfAlJytM

Kim, Y. T., et al. "Neural Correlates Related to Action Observation in Expert Archers, Behavioral Brain Research 223, no. 2 (2011): 342-47.

Henriette van Praag, Gerd Kempermann, and Fred Gage, "Running Increases Cell Proliferation and Neurogenesis in the Adult Mouse Dentate Gyrus," Nature Neuroscience 2, no. 3 (1999), 266-70.

Laura Chaddock, Kirk I. Erickson, Ruchika Shaurya Prakash, Jennifer S. Kim, Michelle W. Voss, Matt VanPatter, Matthew B. Pontifex, Lauren B. Raine, Alex Konkel, Charles H. Hillman, Neal J. Cohen, Arthur F. Kramer, "A Neuroimaging Investigation of the Association Between Aerobic Fitness, Hippocampal Volume, and Memory Performance in Preadolescent Children," Brain Research 28, no. 1358 (2010), 172-83.

S. J. Colcombe et al., "Aerobic Exercise Training Increases Brain Volume in Aging Humans," Journal of Gerontology, Series A Biological Sciences and Medicine Sciences 61 (2006), 1166-70.

J. L. Kim et al. "Fish Consumption and School Grades in Swedish Adolescents: A Study of the Large General Population," Acta Paediatrica 99 (2010), 72-7.

M. F. Muldoon et al. "Serum Phospholipid Docosahexaenoic Acid Is Associated with Cognitive Functioning During Middle Adulthood," Journal of Nutrition 140 (2010), 848-53.

F. N. Jacka 외. "Western Diet Is Associated with a Smaller Hippocampus: A

Longitudinal Investigation." BMC Med. 13 (September 2015): 215; 12: 1. T. Akbaraly 21.

T. Akbaraly 외. "Association of Long-Term Diet Quality with Hippocampal Volume: Longitudinal Cohort Study." Am. J. Med. 131. no. 11 (November 2018): 1372-81.

R. Corripio. Gónzalez-Clemente JM. Jacobo PS. Silvia N. Lluis G. Joan V. Assumpta C. "Plasma Brain-Derived Neurotrophic Factor in Prepubertal Obese Children: Results from a Two-Year Lifestyle Intervention Programme." Clinical Endocrinology 77. no. 5 (2012). 715-20.

Cyrus A. Raji. April J. Ho. Neelroop N. Parikshak. James T. Becker. Oscar L. Lopez. Lewis H. Kuller. Xue Hua. Alex D. Leow. Arthur W. Toga. Paul M. Thompson. "Brain Structure and Obesity." Human Brain Mapping 31. no. 3.

S. Yoo 2. "The Human Emotional Brain Without Sleep-A Prefrontal Amygdala Disconnect." Curr. Biol. 17. no. 20 (2007): 877-78.

Y. Motomura 21. "Two Days' Sleep Debt Causes Mood Decline During Resting State via Diminished Amygdala-Prefrontal Connectivity." Sleep 40. no. 10 (October 2017).

Choi. J.. Ku. B.. You. Y. G.. Jo. M.. KWate biomarkers in correlation with MMSE Mwen & Kim. G. (2019). Resting-state prefrontal EEC biomarkers in correlation with MMSE scores in elderly individua ls. Scientific reports. 9(1). 10468

Kolb. B. (2009). Brain and behavioral plasticity in the developing brain:Neuroscience and public policy. Paediatrics & Child Health 14. no. 10. 651-652.